너 뭐 하다 왔니?

너 뭐 하다 왔니?

지은이 | 이은상
초판 발행 | 2019. 11. 27
2판 1쇄 | 2025. 07. 10
등록번호 | 제1988-000080호
등록된 곳 | 서울특별시 용산구 서빙고로65길 38
발행처 | 사단법인 두란노서원
영업부 | 2078-3333   FAX | 080-749-3705
출판부 | 2078-3331

책값은 뒤표지에 있습니다.
ISBN 978-89-531-3646-5 03230

독자의 의견을 기다립니다.
tpress@duranno.com   www.duranno.com

두란노서원은 바울 사도가 3차 전도여행 때 에베소에서 성령 받은 제자들을 따로 세워 하나님의 말씀으로 양육하던 장소입니다. 사도행전 19장 8-20절의 정신에 따라 첫째 목회자를 돕는 사역과 평신도를 훈련시키는 사역, 둘째 세계선교(TIM)와 문서선교(단행본·잡지) 사역, 셋째 예수문화 및 경배와 찬양 사역, 그리고 가정·상담 사역 등을 감당하고 있습니다. 1980년 12월 22일에 창립된 두란노서원은 주님 오실 때까지 이 사역들을 계속할 것입니다.

순종입니다
저의 대답은

What have you done for me?

너 뭐 하다 왔니?

이은상 지음

두란노

○ 프롤로그 ○
증거하지 않으면 주님께 너무 죄송하지 않은가

《너 뭐 하다 왔니?》의 출판이 막상 눈앞에 다가오니 한없이 부족한 내 모습에 부끄럽기만 하다. 그저 하나님의 말씀에 순종하며 한 걸음씩 걸어왔을 뿐, 그 삶을 많은 사람 앞에 꺼내 놓기에 나는 자격도, 자랑할 것도 없다는 사실을 잘 알기 때문이다.

그런데도 이 부족한 종이 책을 쓰기로 마음먹은 것은, 이것이야말로 우리 가운데 살아 역사하시는 하나님께서 행하신 일들이기 때문이다. 그래서 나는 글을 정리하는 내내 주님께서 꼭 해야 할 숙제를 주셨다는 마음으로 써 나갔다. 지금도 우리 가운데 사도행전은 계속 이어져 가고 있다는 사실을 증거하기 위해서다. 증거하지 않으면 주님께 너무 죄송하지 않은가. 다만 아쉬움이 있다면, 지면이 한정되어 하나님의 일하심을 더 자세히 기록하지 못했다는 것이다.

하나님께서는 부족한 죄인인 내가 순종할 수 있을 때까지 함께하시고 기다려 주셨다. 그리고 마침내 내가 순종하고자 마음을 먹은 순간부터 손수 모든 일을 해 나가셨다. 누군가는 내게 "어떻게 먹을 것도, 씻을 물도 충분하지 않은 오지까지 가서 그런 사역을 할 수 있느냐"고 묻는다. 그러나 나는 자신 있게 말할 수 있다. 그건 주님이 하셨지, 내가 한 일이 아니라고 말이다.

이 책에 기록되어 있는 이야기들을 통해 크신 주님의 이름만 드러나기를 바란다. 오직 주님만이 영광 받으시기를 기도한다. 또한 책을 읽는 모든 이가 함께 주님 나라의 확장을 위해 일어나기를 기도한다. 주님이 먼저 가신 십자가의 길, 우리가 가야 할 그 길 끝에서 주님이 "너 뭐 하다 왔니?" 하고 물어보신다면, 기쁘게 대답할 말을 준비하며 살아가기를 기도한다.

바쁘신 가운데서도 흔쾌히 추천사를 써 주신 모든 분의 격려에 감사드리며, 원고 정리를 도와준 강신해 작가와 고현순 코치의 사랑이 담긴 수고에 고마움을 전한다. 남편의 임종까지 함께 자리를 지켜 준 제자 이창희와 남편의 진정한 친구 이철수 장로님 부부, 시동생 황규명 목사님 부부, 외삼촌 부부에게도 감사드린다. 또한 언제나 나에게 용기를 주고 힘이 되어 준 나의 사랑하는 가족, 그리고 여기까지 올 수 있도록 함께 동역해 주신 모든 분께 감사드린다.

2019년 11월

이은상

차례

프롤로그 ○ 4
추천사 ○ 10

Part 1 ○ 나이테는 나무가 버텨 온 세월의 흔적이다

내가 먼저 죽더라도 우리 사역은 멈추지 마세요 ○ **20**
우리의 이별이 그곳에서는 축제가 되었길 ○ **24**
하나님은 우리 부부의 영적 주파수를 맞추셨다 ○ **29**
하나님이 놓으라 하실 때는 다 이유가 있다 ○ **34**
몽골에서 미니멀 라이프를 배우다 ○ **39**
복음은 문맹의 모잠비크에서도 통했다 ○ **43**
인도, 위험할수록 복음은 더 간절하다 ○ **54**
스와질란드 우물에는 생명수가 흐른다 ○ **65**
차마고도 땅끝에도 구원받아야 할 영혼이 있다 ○ **72**
폭우도 하나님께는 문제가 아니다 ○ **79**
내 삶의 매뉴얼은 그저 하나님의 말씀이다 ○ **83**
어떻게 주님을 따르지 않을 수 있겠는가 ○ **88**

part 2 ○ 복음을 포기할 곳은 그 어디에도 없다

하나님의 영적 전쟁, 그 역사의 현장에 서다 ○ 94

A국의 학생들은 삶 전체를 걸고 M학교에 온다 ○ 99

복음 때문에 기꺼이 힘들고 고단한 삶을 선택했다 ○ 102

고통 속에서도 기뻐 뛸 수 있는 것이 제자의 삶이다 ○ 106

복음을 위해 할 수 있는 일은 얼마든지 있다 ○ 113

복음을 포기할 곳은 그 어디에도 없다 ○ 121

열악한 환경쯤이야 하나님께는 아무것도 아니다 ○ 126

고난과 눈물을 거쳐야 하나님의 사람이 된다 ○ 130

마약 판매상도 주님의 제자가 되었다 ○ 135

Part 3 ○ 고난의 길에서
순종을 배우다

하나님은 순종하는 자들을 통해 일하신다 ○ 142

내 인생을 송두리째 뒤엎다 ○ 146

사랑은 숱한 벽을 뛰어넘는다 ○ 151

당신 모습 그대로 충분히 사랑받을 가치가 있다 ○ 155

하나님이 기다리라 하실 때는 기다려야 한다 ○ 159

하나님은 가장 좋은 것을 주시는 분이다 ○ 165

아픔은 주님을 만나는 시간이다 ○ 170

이 교회를 하나님이 설계하시고 완성하셨다 ○ 175

개척교회 성공 비결은 하나님이다 ○ 180

하나님께서는 우리의 마음을 달아 보신다 ○ 187

지나친 불안과 걱정은 우상숭배다 ○ 194

Part 4 ○ 기꺼이 예수의 흔적을
가진 자가 되기로 했다

끝까지 가면 간증이 남지만 포기하면 상처만 남는다 ○ 202

생각지도 못한 때에 하나님은 내 병을 고치셨다 ○ 206

하나님께서는 사모하는 자에게 찾아오신다 ○ 212

기꺼이 예수의 흔적을 가진 자가 되기로 했다 ○ 216

하나님의 퍼즐이 완성되는 순간은 반드시 온다 ○ 220

두려움을 이기는 것은 순종이었다 ○ 225

믿음은 최고의 유산이다 ○ 229

예수의 핏값으로 내가 구원받았음을 믿는가 ○ 234

"뭐 하다 왔니?" 내 대답은 순종 하나뿐이다 ○ 239

추천사

이은상 선교사님의 삶과 선교 사역이 녹아든 귀한 책의 출간을 축하합니다. 세계 곳곳을 다니며 경험한 하나님의 은혜가 글을 읽는 내내 생생하게 느껴졌습니다. 선교사님을 통하여 하나님께서 보여 주신 놀라운 기도의 응답들을 보면서 사도행전에 나오는 성령의 인도하심이 그대로 나타나고 있음을 알 수 있었습니다. 하나님의 말씀이 삶의 매뉴얼이라는 선교사님의 고백이 참 귀합니다. 하나님의 뜻대로 살아온 인생이기에 훗날 하나님 앞에 섰을 때 "너는 뭐 하다 왔니?" 하고 질문하시면 "순종"이라고 자신 있게 말할 수 있겠지요. 이 책을 읽는 모든 성도가 그런 삶을 살아 내시기를 축복합니다.

김병삼 • 만나교회 담임목사

이 책을 읽고 있으면 선교가 얼마나 소중한 보석과 같은 일인지, 그리고 복음을 전하는 기쁨이 이토록 귀한 것인지 자연스럽게 가슴으로 깨닫게 됩니다. 그리고 죽음 앞에서도 선교사로 살다가 하나님께로 가기를 소원했던 남편 황희철 목사님과, 그런 남편과 묵묵히 동행했던 이은상 목사님의 사랑 이야기는 영혼의 깊은 울림으로 다가옵니다.

이은상 목사님은 코스타를 통해 만났습니다. 특히 많은 젊은이에게 일상의 이야기를 통해 하나님 나라의 비밀을 잘 나누어 주시는 것을 보았습니다. 그것은 그분의 일상에서 항상 하나님 나라를 살아가기 때문이 아닐까 생각합니다. 남편 황희철 목사님을 먼저 떠나보내는 그 아픔 속에서도 두 분은 하나님 나라를 살고 또 증거했습니다. 그것이야말로 선교사의 삶이 되어야 함을 잘 보여 주었습니다.

그 감동의 이야기가 이 책 가득 담겨 있습니다. 그 이야기를 모두 짜내면 '순종'만이 남을 것 같습니다. 두 분에게는 매 순간 너무나 무거운 결단이었겠지만, 그 과정을 통해 하나님께 최고의 선물을 삶 전체로 드렸으니, 그만큼 값진 인생이 또 어디 있겠습니까?

김형준 • 동안교회 담임목사, 코스타 국제본부 이사장

저는 늘 하나님께 이은상 선교사님을 만나게 하심을 감사합니다. 이은상 선교사님은 저에게 멘토이시고 롤모델이시고 위로자이시고 도전자이십니다. 이은상 선교사님은 "너 뭐 하다 왔니"라는 하나님의 질문에 아무 대답도 못 하고 엎드러졌다고 하지만, 사실 그분의 삶은 이 질문에 조금도 부끄럼이 없어 보입니다. 선교사님에게는 항상 복음의 열정, 영혼을 향한 사랑이 넘칩니다. 2016년 태국 차이스타에서 처음 만났을 때도, 일 년에 몇 번씩 만날 때도, 황희철 목사님이 병상에 누워

계실 때도, 아들 조셉의 결혼식 때도, 황 목사님 장례식에서도 오직 하나님 나라로 가득 차 있었습니다. 선교사님 안에 있는 하나님과 영혼에 대한 사랑이 이 책을 읽는 많은 분에게, 특히 이 시대의 젊은 목회자들에게 큰 도전이 될 줄 믿습니다.

렴문홍 • 온누리교회 중국어예배 담당목사

아버지로서, 부모로서 자녀에게 무엇을 남겨 줄 수 있을까 고민했습니다. 그러다가 이은상 목사님과 만남을 통해 저 역시 하나님으로부터 "너 뭐 하다 왔니?" 하는 음성을 들었습니다. 그러고는 저의 고민이 바뀌었습니다. 제가 아이들에게 남겨 줄 수 있는 유산은 그 무엇도 아닌 '내가 하나님을 붙잡고 치열하게 살아 낸 이야기'입니다. 나는 그런 이야기가 있는 자인가! 그것을 고민하게 되었습니다.

"너 뭐 하다 왔니?" 하는 하나님의 음성을 들을 수 있어 정말 감사합니다. 이 책이 저뿐 아니라 이 땅을 사는 모든 이에게 경종을 울리는 질문으로 던져지기를 기도하겠습니다.

박지헌 • 가수, 《울보 아빠의 불꽃 육아》 저자

신앙생활을 하면서 정말 귀중한 가치를 뽑으라면 무엇보다도 '순종'일 것입니다. 그런데 우리는 '무조건 순종', '절대 순종'이라는 말을 그리 좋아하지 않는 것 같습니다. 그런 점에서 고난도 특권이라 생각하며 절대 순종의 길을 걸어 온 이은상 선교사님의 귀한 여정은 많은 도전을 줍니다. 이 책을 통해 이 땅의 그리스도인들이 하나님 앞에서 계수될 자의 심정을 가지고 다시금 순종의 발걸음을 내딛길 기대합니다.

송태근 • 삼일교회 담임목사

코스타에서 이은상 목사님을 처음 만났습니다. 곱고 단정한 외모에 호감을 주는 여자 목사님이었는데 조곤조곤 전하시는 말씀에 깊은 은혜가 있었습니다. 많은 코스타의 청년들이 목사님께 상담을 받으며 큰 회복을 경험하는 것을 보았습니다.

얼마 전 이은상 목사님은 예수동행 세미나에 참석해서 예수님과 동행하는 훈련을 하기 바란다며 쓰신 책을 읽어 달라 청하셨습니다. 목사님의 생애를 담은 자서전과 같은 책이었습니다. A국에서의 드라마와 같은 사역 이야기와 목숨을 걸고 복음을 전하는 제자들의 이야기, 그 모든 과정을 동행했던 남편 황희철 목사님과의 만남과 이별의 이야기까지, 큰 은혜가 되었습니다.

특히 책의 첫 장에 황희철 목사님이 암인 것을 발견하고 세상을 떠나기까지의 이야기를 읽으면서는 몇 번인가 눈을 감고 감정을 다스려야 했습니다. 그분의 믿음은 단순한 속죄의 믿음이 아니었습니다. 주님과 동행하는 사람은 죽음 앞에서 어떤 모습이어야 하는지를 보여 주었습니다.

사실 이은상 목사님은 아무 부족함 없이 풍요로운 삶을 살던 분이었습니다. 세상적으로도 남부럽지 않은 성공을 누리며 살았습니다. 그러나 그 모든 것을 포기하고 세계 오지를 다니며 사역하신 이야기들은 충격적이면서도 너무나 깊은 감동이었습니다. 주님의 역사와 목사님의 순종에 놀랐습니다. 이 책을 읽으면서 이은상 목사님과 그 사역에 대하여 더 깊이 이해하게 되었습니다.

특히 매번 선교지로 떠날 때마다 자녀들에게 유언했다는 내용이 인상 깊었습니다. 험한 곳, 거친 곳으로 발 벗고 나설 수 있었던 것은 '무조건 순종, 무조건 신뢰, 무조건 감사'라는 이은상 목사님의 삶의 철칙 덕분이었을 것입니다. 힘든 하루를 보내고 숙소에서 남편 황희철 목사님이 "여보, 우리 미쳤나 봐. 어떻게 이렇게 기쁠 수가 있지?" 하더랍니다. 그래서 대답하였답니다. "그래, 우리 예수님께 미쳤지."

특히 A국 전도자들의 사역 이야기가 참 감동이 됩니다. 하나님께서 계획하셨고, 예수 그리스도의 이름으로 행하여지며, 성령님께서 감독하시는 현장의 스토리입니다.

누군가 "이은상은 어떤 사람입니까?" 묻자 A국의 제자들이 "모든 사람을 똑같이 사랑하는 사람"이라고 말했답니다. 그 말에 가슴이 뛰었다고 했습니다. 그것이 목사님이 정말 하고 싶었던 일이었기 때문입니다.

이은상 목사님이 이와 같은 사명의 삶을 살게 된 것은 언젠가 하나님 앞에 설 때 "너 뭐 하다 왔니?" 하는 질문을 받을 것이 깨달아졌기 때문이었습니다. 이 물음 앞에서 세상에서 편안하고 성공적인 삶을 사는 것이 오히려 두려운 일임을 알았습니다.

그때부터 이은상 목사님은 하나님께 모든 것을 맡기고 순종의 삶을 살기 시작했습니다. 주님은 이은상 목사님이 영혼 구원의 사명을 품게 하셨습니다. 그 후 목사님은 오직 한 가지 '무조건 순종'뿐인 삶을 살았습니다.

이 책은 여러분에게 하나님을 완전히 신뢰하고 순종하는 자들을 통하여 그분께서 어떤 일을 하시는지를 분명히 깨닫게 할 것입니다. 그리고 순종의 걸음을 내딛게 할 것입니다.

유기성 · 선한목자교회 담임목사

이은상 목사님은 불꽃과 같은 분입니다. 코스타의 청년들 앞에서 복음을 외치는 그분의 모습은 마치 불꽃과 같습니다. 그 시간이 마치 자신의 마지막 순간인 것처럼 아낌없이 쏟아 부으십니다. 이 책에는 그 짧은 시간 다 담아내지 못한 이은상 목사님의 이야기와, 천국에 계신 황희철 목사님의 불꽃 같은 삶의 이야기가 하나님과 선교라는 그릇 안에서 한 토막 한 토막 믿음으로 소화하기 좋게 담겨 있습니다.

코스타 사역을 하며 많은 부부 사역자들을 만났습니다. 그중에서도 황희철 목사님과 이은상 목사님 부부는 진심으로 저의 롤모델입니다. 지난 6월 15일은 두 분의 아들 조셉의 결혼식이었습니다. 천국 가실 날을 기다리시는 아버지가 보는 앞에서 결혼식을 올리고 싶었던 아들 조셉이 예정되어 있던 결혼식 날짜를 앞당겨 미국에서 한국으로 들어와서 급히 결혼식을 올렸던 것입니다. 그 결혼식 마지막 혼주 인사 시간에 황희철 목사님은 아들 부부에게 기도해 주고 싶다며 천천히 강단에 올라가서 신랑과 신부의 어깨에 손을 얹고 혼신의 힘을 다해 기도해 주었습니다. 그때 많은 사람이 감동의 눈물을 훔쳤습니다.

저는 그 기도하던 장면을 사진에 담았습니다. 황희철 목사님의 표정은 하나님의 은혜가 환하게 비추는 듯한 모습이었습니다. 모든 이가 두려워하는 죽음 앞에서 어떤 것도 평안으로 맞이할 수 있는, 하나님의 선하심에 대한 전적인 신뢰로 가득한 모습이었습니다. 이 귀한 두 분의 신앙 이야기가 담겨 있는 이 책은 세상의 염려와 걱정으로 끊임없이 갈등하며 하나님 앞에서의 삶을 주저하는 모든 젊은이와 성도들에게 새로운 도전과 믿음과 출발을 하게 할 것입니다!

유임근 • 목사, 코스타 국제본부 총무

이은상 선교사님은 성령의 사람입니다. 성령의 사람은 꿈이 있습니다. 은퇴하고 노후를 준비해야 하는 시기가 찾아와도 꿈을 향해 기꺼이 순종합니다.

이 책은 성령님이 주신 꿈을 향해 끊임없이 도전하는 순종행전입니다. 포기하고 싶은 순간들을 믿음으로 돌파하며, 장애물들을 은혜로 뛰어넘은 생생한 저자의 이야기가 담겨 있습니다.

사도행전 2장 17절의 약속처럼, 마지막 날에 성령님이 주시는 꿈을 향해 순종하는 하나님의 사람들이 이 책을 통해 일어나기를 소망합니다.

이성호 • 목사, 크로스핏 뉴젠 대표

이은상 선교사의 책은 페이지 하나하나가 뜨겁다. 하나님의 부름에 순종해서 자신을 아낌없이 내려놓은 삶의 기록이기에 그렇다. 그 거룩한 뜨거움은 나에게로 전염되었다. 나는 이 책의 원고를 주로 밤에 읽었는데, 그때마다 창문을 열어 두어야 했다. 겨울바람이 아니고서는 내 안의 뜨거움을 식힐 수 없을 것 같았기 때문이다.

한편으로 나는 원고를 읽으면서 '선교란 무엇인가?'에 대해서 다시 한번 깊게 묵상했다. 그리고 이은상 선교사와 같은 결론에 이르렀다. '선교는 순종이다.' 이제 나도 주님의 말씀에 순종하는 마음으로 다시 선교지로 나가야겠다. 필리핀, 미얀마, 네팔, 인도, 중동, 아프리카 등에 이어 탈북인을 구출하는 현장까지….

부디 한국의 모든 그리스도인이 이 책을 읽게 되기를, '한 번뿐인 인생, 순식간에 지나가리니 그리스도를 위해 한 일만 남으리라'는 말의 의미를 깨닫게 되기를, 주님께 진정으로 순종하게 되기를 바란다.

이지성 • 작가, 《꿈꾸는 다락방》, 《리딩으로 리드하라》, 《에이트》 등 저자

'진짜 선교사'를 만나기 어려운 이때 '진짜 선교사'이신 저자를 책으로 만날 수 있어 매우 기쁩니다. 이 책을 읽는 내내 그리스도인의 순전한 삶, 온전한 삶이 무엇인지 더 깊이 알게 되었습니다. 복음에 대한 사랑과 헌신, 말씀에 대한 절대적 순종, 참된 제자의 삶과 열매 맺음, 그리고 주님의 은혜와 역사. 주님의 제자로 살아가고자 하는 이 시대 모든 그리스도인에게 필독하기를 권합니다.

장창영 • 빛과소금의교회 담임목사

시아버지와 같은 이름을 가지고 있다는 웃지 못 할 이유로 이은상 목사님을 처음 만났고, 남편 황희철 목사님과 더불어 교제한 지는 6년이 되었습니다. 제가 본 이은상 목사님과 황희철 목사님은 하나님을 사랑하고, 그분의 일을 하려는 열망이 있는 분들입니다. 자연스럽게 두 분이 아프리카와 A국에서 하시는 선교 사업에 참여하게 되었고 어느 사이엔가 저는 두 분의 간증 속에 한 자리를 차지했습니다.

저자는 이웃집 아주머니같이 친근한 필치로 선교의 일에 헌신하다가 경험한 하나님의 이야기들을 이 책에 그려 내고 있습니다. "내가 이룬 것이 아니라 아버지가 하셨다"는 겸손한 고백 속에 담긴 이은상 목사님의 남모를 눈물과 헌신을 저는 잘 압니다. 독자들은 쉽고 편안하게 페이지를 넘기겠지만, 행간마다 채워진 영적 도전이 묵직한 감동으로 다가오는 것을 피할 수 없을 것입니다.

황성수 • 한사랑교회 담임목사

Part 1.

나이테는

나무가 버텨 온

세월의

흔적이다

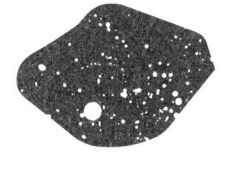

내가 먼저 죽더라도
우리 사역은
멈추지 마세요

2017년도 겨울쯤이었다. 남편과 나는 다시 선교지로 나갈 준비를 하고 있었다. 그런데 남편이 화장실만 다녀오면 자꾸 불편감을 호소했다. 먼길 나서기 전에 병원에 한번 들러 보자고 해서 갔는데, 염증 증세가 있다는 말을 들었다. 약을 먹기 시작했지만 한 달이 다 되어도 낫지를 않았다.

우리는 다시 한번 검사해 보기로 했다. 그런데 검사 결과 생각지도 못한 말을 들었다. 전립선암, 그것도 벌써 3기 말이나 되었다는 것이다. 게다가 이미 요도까지 전이가 되어 수술을 해야 한다고 했다.

그 말을 듣는 순간 남편과 나는 항상 해 오던 기도가 생각났다. 우리를 마음껏 사용하시되 너무 오래는 살게 마시라는 기도였다. 천국에 사는 것에 더 소망이 있기 때문이었다. 그래서 우리는 마음껏 사용하신 뒤에는 너무 아프게는 하지 마시고 가족과 이별할 시간만 잠깐 주신 뒤에

속히 데려가 달라고, 늘 손을 붙잡고 기도했다. 그러나 막상 암이라는 이야기를 들으니 눈물이 났다. 그 상태가 될 때까지 배우자로서 전혀 몰랐던 것이 미안하고 안타까웠다.

남편은 항암치료나 연명치료를 원하지 않았다. 생명을 조금 더 연장할 수는 있겠지만, 남은 시간을 그렇게 치료에 매달리며 보내고 싶지는 않다고 했다. 얼마가 더 남아 있을지는 알 수 없으나 자신에게 주어진 시간 동안 선교지를 다니고 싶다고 말했다.

수술 날짜를 잡아야 하는데 A국의 M학교 졸업식과 오지 사역이 예정되어 있었다. 남편은 수술을 미루고 선교지로 떠났다. 그곳 학생들이 우리가 오기를 손꼽아 기다리고 있을 텐데 그 약속을 저버릴 수가 없어서였다. 학생들은 남편이 자신들을 위해서 힘든 몸으로 먼 나라까지 날아와 준 것을 두고두고 고마워했고, 남편을 위해 눈물로 기도해 주었다.

남편은 암 판정을 받은 뒤 날마다 예배에 집중했다. 언제 어느 순간에 생을 마감할지 몰랐기 때문에 마지막을 준비하는 것 같았다. 그런데 온종일 찬송과 예배의 시간을 보내다 보니 오히려 평안과 감사가 넘쳤다.

수술에 들어가기 전 남편과 나는 함께 사진을 찍었다. 남편은 활짝 웃으며 손으로 승리의 브이를 그리며 들어갔다. 어찌나 해맑게 웃는지 아픈 사람이 맞나 싶을 만큼 너무도 행복한 얼굴이었다. 수술을 끝낸 후 남편은 몸에 여러 개의 호스를 주렁주렁 매달고 병실로 돌아왔다. 6월의 더위에 온몸이 벌게져 있으면서도 남편은 나를 보고 계속 웃었다. 나도 그를 향해 환하게 웃어 주었다. 남편의 얼굴은 너무도 평안해 보였다. 분명 아팠을 텐데 말이다.

수술을 마친 의사의 설명을 들었다. 전립선을 다 들어내고 봤더니 그 안에 암이 가득 차 있었다고 했다. 더 이상 요도를 잘라 낼 수 없을 만큼 제거했고. 이제 그 안에 남아 있는 암들이 혈액을 타고 돌아다니는 것은 어쩔 수 없다고 했다. 우리는 모든 것을 받아들였다. 암에 대한 두려움도, 죽음에 대한 두려움도 없었다.

"I'm fine, I'm fine."

남편은 나를 보면서 계속 이렇게 말했다. 진정으로 평안해 보였다. 인간적인 마음으로는 가슴이 아프지만 나는 남편의 의연한 모습을 보면서 "당신 정말 목사 맞네"라고 말해 주었다. 문병 온 사람들도 모두 그런 남편의 모습을 보고 많은 도전을 받고 돌아갔다.

집으로 돌아온 뒤 남편은 M학교 학생들을 많이 보고 싶어 했다. 자신이 가르칠 수 있는 날이 앞으로 얼마나 될지 모르기에 조금이라도 더 전해 주고 싶은 마음이었다. 그냥 누워서 시간을 허비할 수 없다고 생각했다. 육체의 아픔은 있지만 그것을 뛰어넘는 것이 선교의 마음인 것 같다. 그러다 보니 나도 가끔 우리 남편이 암 환자라는 사실을 잊곤 했다.

감사한 것은, 남편도 나도 하나님께 "왜 우리에게 이런 고통을 겪게 하시나요?"라고 물어보면서 따지고 들지 않았다는 것이다. 우리 부부에겐 '하나님은 선하시다'라는 분명한 신뢰가 있었다. 그 믿음이 있으면 모든 환경에서도 이길 힘을 주신다. 그래서 원망은 없었다. 결국 우리는 모두 하나님 앞에 갈 것이고, 주님 안에 있다면 지금 모습 그대로도 감사한 것이다.

남편은 혹여 자신이 먼저 죽더라도 우리가 지금껏 해 오던 사역은 멈추지 말고 계속 해 나가야 한다고 나에게 말했다. 자신의 생명은 중요하지 않으니 사명을 위해 언제든 떠나라고 했다. 남편은 끝까지 선교사였다.

우리는 언제, 어디서, 어떻게 죽을지 알지 못한다. 이 땅에서 잘 사는 것만큼 이 땅을 잘 떠날 준비도 해야 하는 것이다. 우리의 믿음은 마지막 순간에 드러난다.

우리의 이별이
그곳에서는
축제가 되었길

전립선암으로 고생하던 남편은 얼마 뒤 악성림프종 혈액암 말기 판정을 받았다. 온몸에 암이 다 퍼져 버린 것이다. 혈액암이 발병된 지 3개월이 지났을 무렵 남편은 호스피스 병원으로 들어가게 되었다.

병원으로 가는 날 아침, 집을 나서기 전 남편은 면도를 하고 싶다고 했다. 전동면도기도 아닌 일반 면도기로 느릿느릿 힘들게 면도를 했다. 자신도 이것이 마지막이라는 생각이 들었던 모양이었다.

짐을 챙겨 나오면서 집안의 불을 끄는데, '이제 이곳을 나서면 남편과 함께 돌아오지 못하겠구나' 싶은 마음이 들었다. 그날 비가 억수같이 쏟아져 내렸다. 앞이 보이지 않을 정도였다. 남편을 태운 앰뷸런스를 뒤따라가는데, 퍼붓는 비가 마치 내 마음 같았다. 나는 운전하는 내내 엉엉 소리를 내어 울었다. 그동안 남편 앞에서 꾹꾹 참아 왔던 눈물이 한꺼번에 몰아쳐 오는 것만 같았다. 내 마음속에는 이날이 장례식이었다.

병원에 누워 남편은 자신이 먼저 하나님을 만나러 간다고 자랑을 했다. 남편은 그런 사람이었다. 그렇게 어린아이처럼 해맑고 순수했다. 다만 그러면서도 나를 혼자 두고 가야 하는 것에 대해서는 많이 미안해했다.

"나는 가끔 늦은 밤 사역을 마치고 들어가는 당신의 뒷모습이 안쓰럽다는 생각이 들었어. 당신은 이렇게 나를 챙겨 주는데, 이제 당신은 누가 챙겨 주나…."

그러면서도 남편은 나에게 끝까지 신실한 종이 되어 달라고 부탁했다. 남들처럼 사랑한다, 미안하다는 말이 아니라 혼자 남을 아내에게 신실한 종으로 남아 달라니, 나는 기가 차서 웃음이 나왔다. 하지만 나는 그러겠노라고 대답했다. 생각해 보니 두고두고 그 말만큼 마음에 무게를 갖게 하는 말도 없었다.

남편이 천국으로 떠나기 3일 전 새벽, 하나님께서는 "남편이 도적같이 떠날 것이니 기도하라"는 말씀을 주셨다. 나는 '이제 시간이 얼마 없겠구나, 하나님께서 남편을 곧 데려가시겠구나' 하는 마음이 들었다. 이틀 후 새벽 1시쯤 간호사가 와서 남편을 임종실로 옮겨야겠다고 했다. 그렇게 호스피스 병원에 들어온 지 9일 만에 남편은 하나님 곁으로 갔다. 나는 남편의 죽음을 보면서 믿는 사람들의 죽음은 갑자기가 아니라 예정 가운데 있다는 것을 알게 되었다. 남편이 우리 곁을 떠난 것도 어느 날 갑자기 일어난 일이 아니라 하나님의 예정하심 속에서 이루어졌다는 것이 큰 위로가 되었다.

남편의 마지막 모습은 너무도 평안해 보였다. 전혀 아픈 사람의 얼굴이 아니었다. 하나님께서는 우리의 기도처럼 남편을 마음껏 쓰시다가 너무 오래 아프지 않고, 가족, 친구와 인사를 나눈 뒤 조용히 떠나게 하셨다. 나는 그 모습을 사진으로 남겨 두었다. 남편은 병마와 죽음 앞에서도 전혀 두려워하지 않았고, 그저 모든 것에 감사했으며, 멋지게 믿음의 선한 싸움을 싸우다가 주님의 부르심을 받고 편히 잠든 모습으로 떠났다.

남편은 자신의 죽음까지도 주님의 영광을 위해 사용해 달라고 기도해 왔다. 평생의 그 기도가 마지막 남편의 장례식장에서 응답되었다.

장례식을 돕기 위해 상조회사에서 나온 직원 중에 유난히 내 눈에 들어오는 한 사람이 있었다. 오 소장이라는 사람이었다. 영업사원이라 원래는 첫날만 있고 다른 곳에 가야 하는데, 그는 장례가 치러지는 나흘간이나 계속 장례식장에 머물렀다. 그러더니 조용히 나를 찾아와 기도를 받고 싶다고 했다. 그러면서 자신의 이야기를 털어놓았다. 스무 살 때 아버지가 많이 아프셨는데, 그 아버지를 고쳐 달라고 날마다 교회에 가서 하나님께 기도했지만 하나님은 끝내 자신의 기도를 들어주지 않으셨다고 했다. 그래서 신은 없다고 여기고 그날로 교회를 떠났다는 것이다. 그런데 이번 남편의 장례를 맡으면서 자신도 모르게 자꾸만 이곳에 머물고 싶어졌다고 했다. 나는 그를 안고 기도해 주었다. 그는 기도하는 내내 흐느껴 울었다.

"이상하게도 자꾸만 하나님이 나를 부르시는 것 같았어요. 계속 내 마음속에 돌아오라고, 돌아와야 한다고 말씀하시는 것 같았어요."

그의 고백을 들으며 하나님께 감사했다. 하나님은 남편의 장례를 통해서 그를 다시 주님 앞에 부르셨다. 그는 이제부터 교회에 나가야겠다고 말했다. 그리고 발인을 하는 날, 그는 직접 네 개의 꽃다발을 만들어 우리 가족에게 전해 주었다. 너무도 고마웠다.

이런 일도 있었다. 양 회장과 정 박사라는 남편의 60년 된 학교 친구가 찾아왔다. 두 분은 장례식 동안 한쪽에서 조용히 모든 예배에 참석한 뒤 가면서 나에게 이렇게 이야기해 주었다.

"황 박사가 우리를 다시 전도하네. 이번 주부터 교회에 나가야겠구면."

놀라운 일들의 연속이었다. 하나님은 이날 늦지 않게 또 한 생명을 구원하고 계셨다.

남편은 수의 대신 평소에 입던 청바지에 분홍 셔츠, 그리고 야구 모자를 쓰고 누웠다. 입관한 그의 모습을 다 같이 지켜보면서 남편이 마지막에 불러 달라고 했던 찬송을 함께 불렀다.

"이날은, 이날은 주의 지으신 주의 날일세. 기뻐하고 기뻐하며 즐거워하세. 즐거워하세."

"십자가 군병들아 주 위해 일어나 기 들고 앞서 나가 담대히 싸우라."

이 찬양의 가사는 그의 삶의 고백이었다. 우리는 남편의 제일 친한 친구였던 이철수 장로님에게 마지막 인사를 부탁했다.

한국에서 개척했을 때의 성도들도 소식을 듣고 찾아와 주었고, 시동생 부부와 외삼촌 부부, 딸 같은 성은, 은진, 아들 같은 성현과 제자들은 밤낮 빈소를 지키며 사랑의 수고를 해 주었다. 현순 집사님은 서산에서부터 키보드를 들고 와 예배 때마다 반주를 해 주었다. 마지막 관을 운구할 때는 다 같이 축복송을 불러 주었다. 남편은 마지막까지 사랑과 섬김 속에서 환송을 받았다. 모든 것이 감동이었다. 장례식은 으레 슬픈 자리이기 마련인데, 이렇게 슬픔보다 감사가 넘치는 장례식은 처음이라고 다들 한마디씩 했다.

한 분은 나에게 천국의 소망에 대해서 이렇게 이야기해 주었다. 우리가 아이를 잉태했을 때 그 얼굴을 빨리 만나 보길 고대하고 기다리는 것처럼, 그리고 그 아이가 태어났을 때 부모가 너무도 기쁘고 행복해하는 것처럼, 천국에서도 새로운 생명이 그곳으로 오는 것을 하나님도 기다리며 기쁨으로 맞이하실 것이라고 말이다. 나는 우리의 이별이 그곳에서는 또 하나의 생명을 맞이하는 축제의 장이 될 걸 생각하니 크나큰 위로가 되었다.

남편의 장례식은 그저 떠나보내는 자리가 아니라 감사와 은혜, 회복과 위로의 자리였다. 그렇기에 비록 이별은 슬프지만, 그날을 떠올릴 때마다 기쁘고 감사할 수 있다.

 하나님은
우리 부부의
영적 주파수를 맞추셨다

내가 남편과 결혼을 결심했을 때 가장 기대했던 것은 '4대째 믿음의 가정에서 자랐으니 이제 그와 함께 마음껏 신앙생활을 할 수 있겠구나' 하는 것이었다. 그런데 내가 간과한 것이 있었다. 남편은 모태신앙이었다. 우스갯소리로 모태신앙을 왜 '못해신앙'이라고 부르는지 실감했다. 남편은 오랜 믿음의 뿌리에 대한 자랑스러움은 있었지만 정작 자신은 아직 십자가에 못 박히지 않은 믿음이었다.

게다가 남편과 나는 신앙의 색깔이 무척 달랐다. 남편의 신앙은 지나치게 보수적이었고, 나는 뜨겁게 하나님을 만난 체험신앙이었다. 결혼 초기에는 이런 부분이 너무 힘들었다. 나는 하루하루가 뜨거웠는데, 남편은 반대로 너무도 이성적이었다. 고상한 신앙생활을 원했던 남편은 나를 보고 꼭 그렇게 믿어야 하는 거냐며 못마땅해했다. 내가 통성으로 부르짖으며 기도하면, 남편은 "예수님 귀 안 먹으셨으니 좀 교양 있게 기도해요"라고 핀잔을 주었다. 더욱이 내가 교회에서 기도하다가 눈물을 흘리면 도무지 이해할 수 없다는 표정으로 "아니, 기도하다가 왜 울어? 누가 보면 부부싸움한 줄 알겠네"라고 말할 정도였다. 찬양하면서 내가 감격에 겨워 주님께 손을 올리면 남편은 옆에서 조용히 내 손을 끌어내렸다. 이렇게 우리의 신앙에는 온도 차이가 컸고, 영적 주파수가 맞지 않았다.

신앙생활에 제재를 받게 되자 처음에는 마치 사기당한 기분이 들었다. 나보다 오래 신앙생활을 했으니 더 뜨겁고 다양하게 하나님을 경험했을 거라 생각했는데, 지식적으로만 아는 남편이 답답하기만 했다. 그러나 부부이니 내가 하고 싶은 대로만 할 수는 없어서 남편이 뭐라고 하면 기도 소리가 들리지 않도록 옷장에 들어가서 기도하기도 했다.

성격도 남편은 활동적이지만 꼼꼼한 학자 스타일이었고, 나는 시끄럽지는 않지만 적극적인 편이었다. 이런 둘이 만난 것도 참 신기하다고 생각했다. 하지만 부부 관계에는 하나님의 오묘한 섭리가 있는 것이 분명하다. 둘이 하나가 되어 가는 과정 속에 하나님이 만들어 놓으신 놀라운 훈련의 비밀이 있었다. 나는 남편과 맞춰 가는 과정에서 인내와 절제를 배웠다. 그리고 남편은 하나님의 특별한 만남으로 들어가게 되었다.

한번은 내가 방언으로 기도하고 있는데, 그걸 보던 남편이 유명한 어느 목사님 이름을 대면서 그분도 방언을 못 한다면서 자신은 방언 대신 가르치는 은사가 있다고 말했다. 그런데 어느 날 학생들과 주변 교수들도 방언을 받았다는 이야기를 듣고 나서는 내심 자존심이 상했는지

난생처음 혼자서 기도원 기도굴에 들어갔다. 교회에서 기도하려고 보니 혹시나 누가 자기를 볼까 봐 신경이 쓰였던 모양이다.

기도굴에서 양반다리를 떡하니 하고 앉아 묵상을 하고 있는데 옆방에서 누가 "아버지!" 하며 절규를 했다. 남편은 그 소리를 듣는 순간, '저 사람이 믿는 아버지와 내가 믿는 아버지가 분명 같은데 나는 왜 평생 하나님을 아버지라고 부르지 못했을까' 하는 마음이 들었다. 그래서 자신도 무릎을 꿇고 "아버지!" 하고 목이 터져라 불렀다. 그때 남편은 온몸이 떨리면서 성령의 임재를 경험했다. 방언을 받은 것이다. 그 자리에서 몇 시간을 방언으로 기도하고 내려왔다면서 나에게 연락을 했다.

그리고 얼마 후 예배를 드리는데 남편이 손수건으로 눈물을 훔치고 있는 것이 보였다. 나는 설마 하는 마음으로 남편을 쳐다봤다. 정말로 남편이 울고 있었다! 집으로 돌아오는 길에 남편은 "여보, 찬양을 하는데 왜 자꾸 눈물이 나는지 모르겠네. 이게 당신이 말한 감사의 눈물이라는 건가 봐" 하고 말했다. 나는 속으로 '할렐루야'를 외쳤다. 남편도 이제 하나님의 사랑과 은혜를 직접 체험하고 있다고 생각하니 떨듯이 기뻤다. 머리로만 알던 신앙이 드디어 가슴으로 내려오고 있는 것이었다.

그때부터 남편은 나보다 더 자주 우는 사람이 되었다. 우리 부부는 밥을 먹을 때 항상 찬양을 틀어 놓는데, 가끔 남편은 밥을 먹다가도 목이 메도록 울었다. 나는 그런 모습이 웃기고, 사랑스럽고, 또한 감사했다.

어느 날 해외 사역을 마치고 일주일 만에 집에 돌아왔는데, 남편이 혼자 울고 있었다. 나는 너무 놀라서 무슨 일인지 물었다. 그런데 남편의 대답은 너무도 뜻밖이었다. 오디오에서 흘러나오는 찬양 때문이었다는 것이다. 남편은 나를 붙잡고 계속 울었다. 남편이 듣고 있던 노래는 "Down on my knees"(나의 무릎을 꿇고)라는 찬양이었다. '과거엔 눈이 가려져 볼 수 없었으나 주님을 만나 자유해졌고, 그분 앞에 내 무릎을 꿇었을 때 주님을 만났다'라는 내용의 가사였다.

나는 남편을 꼭 안아 주었다. 그리고 이렇게 깊이 남편을 만나 주신 주님의 은혜에 감사드렸다. 우리는 손을 잡고 같이 기도하는 시간이 많아졌고, 그럴 때마다 성령께서는 뜨거운 영적 체험을 하게 하셨다. 그러면서 멀게만 느껴졌던 우리 둘의 영적 주파수도 조금씩 맞춰졌다.

남편은 목회자 세미나에 강사로 설 때마다 이렇게 고백하곤 했다.

"저는 지식적으로 머리가 크고 가슴이 작은 사람이었습니다. 그런데 제 아내는 나보다 머리는 작았지만 가슴이 큰 사람이었습니다. 그러니 이 둘이 서로를 맞춰 가는 게 얼마나 힘들었겠습니까? 하지만 하나님께서 마치 눈사람처럼 둘을 하나로 만드셨고, 결국 우리의 영적 주파수도 맞춰 주셨습니다."

세월이 지나면서 부부가 닮아 간다는 것은 서로 다른 성품을 인정하고 받아들이는 것이며, 또한 사랑하며 맞춰 가는 것이다. 그 주파수를 맞추기까지 나는 인내를 배웠고, 남편은 자신을 죽이고 날마다 십자가에 못 박는 훈련을 해 왔다. 우리는 묵상 속에 조용히 주님을 만났고, 때로는 뜨겁게 주님께 나아갔다. 이 과정을 통해 하나님은 우리가 앞으로 주님의 일을 위해 헤쳐 가야 할 숱한 여정 속에서 함께 손잡고 걸어가는 뜨거운 동지의 삶을 시작하셨다. 그러면서 우리 부부는 한 곳을 바라보게 되었고, 세상의 많은 잡음 속에서도 오직 하나님의 소리를 들을 수 있도록 하나님께 영적 주파수를 맞추는 훈련을 함께해 나가게 되었다.

잊지 말아야 한다. 머리가 가슴을 시원케는 할지언정 메마르게 해서는 안 된다는 것을 말이다.

하나님이
놓으라 하실 때는
다 이유가 있다

한국에서 3년째 목회를 이어 가던 어느 날, 하나님께서는 우리 부부에게 이제 선교사로 나가라고 말씀하셨다. 우리를 세계무대로 옮기겠다고 하신 말씀을 이루시는 시점이었다. 미국에서의 삶을 정리하고 한국에 온 것은 그저 순종 때문이었다. 앞일은 아무것도 몰랐다. 우리는 하나님이 다시 말씀하실 때를 기다렸다. 마침내 그 부르심의 날이 왔고, 그제야 지난 한국에서의 시간들이 우리를 선교사로 보내시기 위한 하나님의 훈련과 준비 과정이었다는 사실을 깨달았다. 온전한 순종에 대해 가르쳐 주신 것이다.

나는 창립예배 때부터 성도들에게 선포했다. 내가 이곳에 언제까지 있을지 모르겠으며, 그저 주님이 있으랄 때까지만 있겠다고 말이다. 왜냐하면 하나님께서 개척하라고 하셔서 순종했을 뿐이기 때문이다. 내 정체성은 하나님께서 가라시면 가고 오라시면 오는 십자가 군병이었다. 사람들은 그런 내게 "가지고 있는 퇴직금을 전부 쏟아부은 교회가 아니냐? 나름의 부흥도 맛보았고, 힘든 시간 다 견디고 이제 적응하게 되었는데 정말로 모두 두고 떠날 수 있겠느냐?" 물었다. 그러나 나는 아무런 미련이 없었다. 하나님을 전적으로 신뢰했기 때문이다. 주님이 이것을 놓으라고 할 때는 그럴만한 이유가 있다. 당장은 아쉬워 보여도 종국에는 결코 손해를 보게 하실 분이 아니다. 또한 그리 아니하실지라도 나는 이미 하나님이 부어 주신 사랑 안에서 충분하기에 할 말이 없는 사람이다.

처음부터 하나님이 부르시면 떠날 것을 말해 왔지만 그래도 정든 성도들과의 이별은 무척 아쉬웠다. 하지만 그들도 떠나는 우리 마음을 알기에 갈 길을 축복해 주었다. 교회나 양은 하나님께서 목회자에게 맡겨 주신 것이다. 그러니 교회는 주님의 것이지 목회자의 것이 아니다. 그런데 자꾸만 자신의 것이라는 생각 때문에 떠나는 목회자들이 발 떼기를 힘들어한다. '과연 주님이라면 어떻게 했을까?'라는 물음 앞에 매일 서야 한다. 로마서 1장 1절에 보면 "예수 그리스도의 종 바울은 사도로 부르심을 받아 하나님의 복음을 위하여 택정함을 입었으니"라고 말한다. '종'은 헬라어로 '둘로스'인데, 이는 '계약 기간 없이 죽을 때까지 매인 사람'이라는 뜻이다. 따라서 둘로스는 주인에게 종속되어 재산권도, 생존권도, 선택권도 없다. 하나님의 종들도 마찬가지다. 자신의 생각과 의지마저 내려놓고 떠나라 하면 떠나고, 하라 하면 하는 것이 종의 모습이다. 그러기에 나는 모든 것을 후임에게 넘기고 미련 없이 떠났다.

선교사마다 사역 방식은 다양하다. 함께 살면서 영혼을 품는 선교사가 있는가 하면, 나처럼 한곳에 정착하지 않고 부르시는 곳마다 다니는 선교사가 있다. 사람들은 흔히 나 같은 사람을 '순회 선교사'라고 부른다. 나는 10여 년간을 떠돌이 복음 전도자의 삶을 살았다. 한 곳에 얼마간 머물면 또 주님이 가라는 곳으로 옮겼다. 그저 복음이 필요한 곳이면 어디든 달려갔고, 요청이 오면 머뭇거리지 않았다.

그중에서도 나는 오지를 더욱 가슴에 품었다. 복음을 들어 보지 못했던 곳을 향해서라면 나는 기꺼이 짐을 쌌다. 그러다 보니 1년에 족히 스무 번 정도는 짐을 싸야 했다. 이런 삶은 선교사로 부름받으면서 남편과 내가 마음먹은 일이었다. 땅끝, 복음이 닿지 않은 곳곳을 찾아가라는 주님의 말씀에 순종하며 머리 둘 곳 없던 주님처럼 살기로 결심했다.

하지만 오지를 찾아 떠난 10여 년간의 여정은 결코 만만치 않았다. 영하 20~30℃의 추운 나라에서 돌아오자마자 섭씨 40℃를 웃도는 곳으로 다시 떠나야 했던 일도 많았다. 오지를 다니며 예기치 못한 일들에 휩싸이다 보면 사방의 공포 속에서 두려움이 엄습할 때가 한두 번이 아니다. 하지만 위험과 두려움을 이기는 것은 그 상황 속에서 하나님이 어떻게 하실까에 대한 기대감이다. 그리고 무엇보다 복음을 들고 가는 것은 바로 하나님의 뜻이기 때문에 나는 무조건 순종하며 나아갈 수 있었다.

사역을 떠날 때는 남편과 동행하기도 했지만 주로 현지인 통역관들과 함께 두세 명이 조촐하게 떠났다. 떠날 때마다 가족과 마지막 인사를 했다. 내가 가는 땅끝은 대부분 죽음을 각오해야 했기 때문이다.

가는 곳마다 몸이 적응할 새도 없이 영적 공격이 시작되었다. 마치 호랑이 굴에 제 발로 들어가는 격이다. 땅을 밟자마자 시작되는 영적 공격들로 기진맥진하지만 그럴수록 더욱 뜨겁게 기도할 뿐이었다. 선교사도 없고, 복음을 들어 보지 못한 곳, 그곳에서 생명을 살리고 교회를 세우는 일이 나에게 주어진 사명이다. 그곳에서 교회를 개척하면 적당한 때에 현지인들에게 모두 넘겨주고 미련 없이 떠났다.

지난 10여 년간의 순회 선교는 고단하고 힘들었다. 하지만 "부름받아 나선 이 몸, 어디든지 가오리다. 아골 골짝 빈들에도 복음 들고 가오리다" 하는 찬송가를 주제곡 삼아 오늘은 이곳, 내일은 저곳으로 날마다 순종하며 떠났다. 어떤 곳은 외국인을 받아 주지 않아서 며칠 동안 차 안에만 있어야 했던 적도 있다. 코끼리 다리처럼 퉁퉁 붓고 심장에 무리가 오기도 했다. 그러면 링거를 맞으며 몸을 추스르고 또 들어가기를 반복했다.

주로 비포장도로를 달려가다 보니 먼지를 많이 먹어 기관지염에 걸리기 일쑤였다. 가면 마실 물도, 화장실도 없다. 벼룩과 빈대가 가득한 현지인 집에서 잠을 자는 건 기본이다. 먹는 것도 부실해 다녀오면 몇 킬로그램씩 몸무게가 빠져 있다. 병원도 없는 곳이니 항상 죽을 준비를 하는 것이다. 매번 겪는 일이지만 또 매번 힘이 든다. 그러나 내 안에 계신 주님이 그 모든 것을 이기는 기쁨과 감사를 주신다. 그러니 나는 오늘도 거기가 어디든 걸음을 뗄 수 있다.

내가 찾아다닌 곳은 가난하고 힘든 삶을 사는 사람들이 모인 곳들이었다. 그러나 소외된 그곳에 하나님은 택한 영혼들을 준비하고 계셨다. 땅끝에도 하나님의 예정하신 이들이 있다는 사실이 너무 놀라웠다. 그 사람들을 만날 때마다, 그리고 그 안에서 역사하시는 하나님을 만나는 순간마다 가슴이 벅차오르곤 했다. 그것이 지금까지 땅끝을 찾아 떠나는 이유이기도 하다.

나는 아직도 주님을 모르는 사람들을 만날 때마다 밤을 지새우며 하나님을 전한다. 그 영혼들을 주님께 돌아오게 하고 싶은 마음이 솟구친다. 내가 그곳에 계속 머무를 수 없기 때문에 허투루 보낼 시간이 없다. 오지에 들어가면 그래서 더욱 사력을 다해 움직인다. 내 나이 육십이 넘어가니 하루하루 시간이 더 아깝기만 하다. '앞으로 일할 날이 내게 얼마나 더 남아 있을까?'

사실 인간 이은상은 절대 그런 험한 곳에 갈 사람이 아니다. 더러운 곳에서 먹고 자는 사람이 아니다. 우산 하나를 가림막 삼아 화장실을 대신할 수 있는 사람은 더더욱 아니다. 그럼에도 내가 또다시 오지로 떠날 수 있는 것은 하나님을 향한 무조건적인 순종 때문이다. 내 마음에 부어 주신 기쁨 때문이다. 주의 종으로 부르신 것도 감사한데, 남들이 가지 않는 곳을 나에게 맡겨 주신 것이 얼마나 감사한지 몸 둘 바를 모르겠다. 뒤늦게 선교사로 부름받은 나는 포도원에 다른 이들보다 늦게 불러 주셨으면서도 품삯을 똑같이 주시니 더욱 감사할 뿐이다. 그러니 살아 있는 동안 내가 주님 앞에서 할 수 있는 대답은 언제나 하나뿐이다.

"주님, 저 여기 있습니다."

 **몽골에서
미니멀 라이프를
배우다**

2009년, 선교사로 첫발을 뗀 곳은 몽골이었다. 남편이 울란바토르에 있는 한 대학에 초빙을 받아 가게 되면서 우리의 첫 선교지가 결정되었다.

사실 몽골은 이전부터 내가 절대 가지 않겠다고 했던 곳이다. 그 이유는 단 하나, 추위 때문이다. 나는 어릴 때부터 유독 추위를 많이 탔다. 저혈압이 있어서 추우면 혈액순환이 잘 안 돼 힘들었고, 손발이 차다 보니 남들보다 추위에 더 민감했다. 그런데 울란바토르는 분지라 바람이 세고, 1월 평균 기온이 영하 20℃ 정도로 낮았다. 매서운 추위에 밖에서 소변을 보면 그것이 다 얼 정도다. 겨울철이면 게르(나무로 뼈대를 세우고 두꺼운 천, 가죽 등을 씌워 짓는 몽골의 주거 형태)에서 난방을 위해 스물네 시간 갈탄을 태우는데, 그 연기가 퍼지면서 도시 전체 대기가 오염되어 온통 갈색빛으로 물든다.

하나님은 왜 하필 내가 절대 가지 않겠다고 했던 그곳을 첫 사역지로 꼽으셨을까? 아마도 내 순종을 보기 위한 것이 아니었을까 생각한다. 하나님은 우리를 몽골에 오래 두지 않으셨다. 그곳에서 추위에 적응하느라 무척 고생했지만, 그러면서도 하나님이 내게 원하시는 온전한 순종이 무엇인지를 배울 수 있었다.

특별히 나는 몽골에서 그전과는 다른 선교사의 삶을 배울 수 있었다. 그곳은 1년 중 10개월 정도는 눈이 덮여 있어서 먹을 것이 많지 않았다. 사과 하나도 중국이나 러시아에서 가져와야 하고, 간식을 먹지만 풍요롭지 않으니 오후가 되면 늘 배가 고팠다. 게다가 나는 입맛이 워낙 한국식이라 우거지 찌개에 나물 반찬을 좋아하는데, 그런 건 몽골에서는 꿈도 꾸지 못했다. 야채도 비싸고 과일도 귀해서 모든 게 그림의 떡이었다. 먹는 것뿐 아니라 덮고 자는 이불도 하나로 버텨야 했고 생필품도 넉넉하지 못했다.

요즘 한국에서는 '미니멀 라이프'가 유행이라는데, 나는 그때부터 유행을 선도하고 있었다. 저절로 덜 쓰고 덜 소유하는 생활에 익숙해졌다. 그때 한 훈련 덕에 지금도 선교지에서 값싼 젤리 슈즈 한 켤레만 있으면 어디든 갈 수 있다. 없으면 없는 대로, 있으면 있는 대로, 주어진 환경에서 주어진 것만으로 살아간다. 처음엔 익숙하지 않아 불편했지만 오히려 지금은 그게 더 편하다. 나도 모르게 손에 쥐고 채우기만 했던 생활에서 벗어나, 적은 것에 만족하며 살아갈 수 있다는 것만으로도 의미 있는 일이다.

생각해 보니 나는 주님을 만나고부터 많은 것이 달라졌다. 이전에 나는 철저하게 인본주의적 가치관으로 생각하고 결정하는 사람이었다. 지식과 이성이 항상 먼저였다. 그러나 내가 만난 주님의 세계는 인간이 가진 불가능을 능히 가능하게 만든다는 것을 확인했고, 내 몸이 먼저 그것을 경험했다. 또한 주님을 만나고 작은 일에도 감사를 고백하다 보니 어느새 나도 모르게 긍정적인 사람이 되어 가고 있었다.

특히나 어린 시절부터 항상 정리정돈을 해야 하고 깨끗해야 한다는 생각이 강박처럼 있었다. 초등학교 때는 광목천으로 된 교복을 입었는데, 다림질한 옷이 구겨질까 봐 조회 시간이 끝날 때까지 의자에 앉지 않았을 정도였다. 커서도 주방 도구 같은 것들에 이물질이 조금이라도 끼면 그걸 이쑤시개로 다 파내고 반짝반짝할 정도로 닦아야 직성이 풀렸다. 그러니 그걸 보는 사람도, 기어코 해내고 마는 나도 피곤한 일이었다. 이런 성격이다 보니 주변 사람들도 나를 대하기 어려워하곤 했다.

그런데 놀랍게도 주님을 만나고 나니 이런 강박증에서 많이 자유해졌다. 결혼을 하고 아이들을 낳아 키우면서도 이제는 예전 같지 않다. 예전 같으면 아이들이 진흙탕이나 눈밭에서 구르면 '저 옷을 어떻게 세탁하나' 싶어 걱정부터 했을 텐데, 이제는 나도 같이 구른다. 삶에 여유가 생기니 주변 사람들도 한결 쉽게 내게 마음을 열어 주었다.

선교지를 다니면서 나는 완전히 다른 사람이 되었다. 후미진 골목길이며 냄새나는 거리도 전혀 개의치 않고 들어간다. 제대로 씻지 못해 때가 꼬질꼬질한 아이들을 만나도 너무나 사랑스러워 품에 안고 어루만져 주게 된다. 사람 속이 더러운 게 문제지, 겉이 더러우면 씻으면 되는 것이다. 천하보다 귀한 영혼을 바라보게 되니 많은 것이 용납됐다. 내 안에 그리스도가 살아 있다는 증거다.

남편이 미국 공화당 대통령 자문위원으로 활동할 당시, 미국 사회에서 상류층 사람들을 만나는 일이 많았다. 그러다 보니 그 모임에 어울리도록 늘 옷을 정장으로 갖춰 입어야 했다. 그런데 선교지를 다니면서부터는 만 원짜리 옷을 입고 유명 호텔에 가도 거리낄 것 없이 자유해졌다. 언젠가 조지 부시 전 대통령을 만나는 자리에 나는 남대문 시장에서 산 원피스를 입고 간 적이 있다. 남편은 "여기에 온 사람들 중에 시장에서 산 옷을 입고 온 사람은 아마 당신뿐일 거야"라고 말하기도 했다. 과거엔 비싼 옷이 좋은 옷이라 여겼고, 화려하게 입고 가서 잘 보여야 한다고 생각했는데, 이제는 '단정하면 됐지 값이 뭐 그리 중요한가' 하는 생각으로 바뀌었다. 어떤 옷을 걸치든 기죽지 않았다. 주님 때문에 내 존재 가치를 알고 나니 겉치레가 사라지고 자유함이 생겼다. 속사람이 바뀌니 겉사람마저 달라진 것이다.

만약 주님이 내게 "이전 삶으로 돌아갈래, 아니면 선교지에서 복음을 전할래?" 하고 물어보신다면 나는 지체하지 않고 "지금 삶이 더 좋습니다!" 하고 말할 것이다. 바울이 자신이 가졌던 세상의 것들을 배설물로 여겼다는 말이 이해가 된다(빌 3:8).

몽골에서의 생활은 그동안의 내 삶과 생각을 정리시키는 징검다리와 같은 시간이었다.

복음은
문맹의 모잠비크에서도
통했다

모기에 물리고 벼룩에 뜯겨도 그저 좋았다

나는 개인적으로 아프리카를 향한 마음이 크다. 오랜 외국 생활 덕분인지 피부색이나 문화권이 다른 사람들을 만나는 것이 내게는 그리 낯설지 않았다. 그들과 함께하는 시간은 즐거운 사역이다.

2016년 아프리카 모잠비크에 들어갔을 때의 일이다. 한국에서 홍콩을 거쳐 요하네스버그로, 다시 스와질란드에서 육로로 국경을 넘어 모잠비크로 들어가야 하는 복잡한 여정이었다. 스와질란드에서 사역하고 있던 이 선교사님과 우리 부부는 국경에서 비자를 받아야 했기 때문에 약간 긴장을 했다. 하지만 감사하게도 별 문제없이 비자를 발급받을 수 있었다. 드디어 국경을 넘어 멀고 먼길을 돌아 모잠비크로 들어갔다.

모잠비크는 군사정권이 들어선 이후 독재정권 아래서 많은 사람이 죽는 어려움을 겪은 나라다. 그래서인지 차로 이동하는데 300~500미터

마다 군인들이 총을 메고 서 있었다. 어쩐지 분위기가 삼엄하고 섬뜩했다. 그들은 차를 세우고 돈을 갈취하기도 하고, 콜라 값을 달라며 돈을 요구하기도 했다. 내가 아는 어떤 선교사님은 그들이 콜라를 먹게 해 달라고 돈을 요구할 때, 진짜 콜라를 컵에 따라서 주었다는 재미있는 이야기도 해 주었다. 우리 일행도 숙소에 도착하기까지 몇 번이나 군인들에게 붙잡혀 이런저런 꼬투리를 잡혔다.

다음 날 아침, 통역을 도와줄 현지 사역자 페네를 만났다. 모잠비크는 포르투갈의 식민지였기 때문에 대부분 포르투갈어를 사용하고 있었다. 우리는 북쪽 오지 개척을 위해 길을 나섰다. 온종일 차를 타고 가는 길은 마치 밀가루 포대를 터뜨려 놓은 것처럼 먼지가 풀풀 날렸다. 마스크를 써도 전혀 도움이 되지 않을 정도였다. 먼지를 뽀얗게 뒤집어쓰며 우리는 어둠 속 울퉁불퉁한 길을 덜컹거리며 달려갔다. 불빛 하나 없는 아프리카는 그야말로 칠흑 같은 어둠이었다. 오랜 시간을 달려 쇼꿰 마을에 도착했을 때는 이미 사방이 캄캄해져서 아무것도 보이지 않았다. 얼마나 어두운지 바로 앞에 있는 사람의 얼굴조차 보이지 않을 정도였다.

마을에 들어서며 하늘을 올려다보았다. 별이 금방이라도 쏟아질 듯 펼쳐져 있었다. 우리가 흔히 알고 있는 별자리를 확인하는 것이 전혀 어렵지 않을 정도였다. 오지의 매력이 바로 이런 것이다. 그곳에서는 하나님의 창조세계의 아름다움을 마음껏 보고 누리고 느낄 수 있다. 내가 선교사라는 사실이 감사한 이유 중 하나다.

이 아름답고 찬란한 자연 속에 하나님의 귀한 영혼들이 살아가고 있다고 생각하니 가슴이 벅차올랐다. 우리는 곧바로 차 안에서 발전기를 꺼내 어둠 속에서 불을 밝혔고, 찬송가를 틀었다. 조용하고 깜깜한 마을에 갑자기 불빛이 보이고 노랫소리가 들리기 시작하니, 마을 사람들이 무슨 일인가 궁금해 하면서 하나둘씩 모여들기 시작했다. 사방이 깜깜한데 어디에서 그렇게 나오는지 신기하기만 했다. 나는 어둠 속에서 사람들을 향해 본격적으로 복음을 전했다.

"하나님은 살아 계십니다. 하나님은 이 세상과 우주, 그리고 사람을 창조하셨습니다. 창조주 하나님은 저와 여러분을 사랑하십니다. 그러나 우리는 죄인입니다. 그래서 하나님은 사랑하는 저와 여러분을 죄에서 구원하시려고 독생자 예수 그리스도를 이 세상에 보내셨습니다. 하나님의 아들 예수 그리스도는 동정녀 마리아에게서 성령으로 잉태되셨고, 죄가 없으신 분입니다. 그분은 저와 여러분의 죄를 대속하시기 위해 십자가에 못 박혀 죽으셨습니다. 그리고 죽은 지 3일 만에 부활하셔서 하늘나라 보좌에 앉으셨습니다. 부활하신 예수 그리스도는 산 자와 죽은 자를 심판하시기 위해 다시 오실 것입니다. 여러분이 죄인인 것을 고백하고 예수 그리스도를 구주로 영접하면 구원을 받게 되고, 심판 앞에서 멸망하지 않고 영생을 얻게 될 것입니다. 회개하고 예수 그리스도를 여러분의 주인으로 영접하십시오. 그러면 여러분은 죄 사함을 받고, 생명책에 이름이 기록될 것입니다. 하나님께서 여러분을 자녀로 삼아 주실 것입니다."

나는 메시지를 전한 뒤 사람들에게 예수 그리스도를 주인으로 영접

할 사람은 손을 들어 보라고 했다. 놀랍게도 수십 명이 손을 번쩍 들었다. 순간 울컥하며 눈물이 나올 뻔했다. 얼마나 이들을 구원하고 싶으셨으면, 얼마나 간절하셨으면 하나님께서는 나를 이 먼길 달려오게 하셨겠는가! 그 마음이 온몸으로 느껴졌다.

그날 밤, 어둠 속에서 아멘으로 주님 앞에 나오는 사람들을 보며 나는 하나님께서 창세 전에 택하신 영혼들은 반드시 구원하신다는 사실을 다시 한번 경험하게 되었다. 나는 지금도 그들과 함께했던 밤을 결코 잊을 수가 없다.

사람들은 종종 나에게 묻는다. 어떻게 한 번도 예수님에 대해 들어보지 못한 이들이, 그것도 오지의 문맹인들이 복음을 받아들일 수 있느냐고 말이다. 그 이유는 간단하다. 복음은 어디서든 통하기 때문이다. 저 별과 해와 달, 동물과 식물을 과연 누가 만들었는가? 사람인가? 아니라는 사실은 어린아이들도 안다. 누구나 이 자연 만물을 만드신 분이 창조주라는 의견에는 공감한다. 그 창조주 하나님이 우리를 만드셨다는 것을 설명하면, 그리고 예수 그리스도와 십자가 복음을 설명하면 신기하게도 모두가 고개를 끄덕인다. 다들 이해하고 받아들인다. 그것이 복음의 신비다.

오히려 자신이 똑똑하다고 믿고 이성적으로 반론을 제기하는 사람들이 복음을 더 받아들이지 못한다. 복음을 받아들이느냐 아니냐는 지식과 관계가 없다. 그것은 믿음의 문제다. 그래서 믿는 자가 구원을 얻는 것이다. 성경은 전도의 미련한 것으로 복음이 전해진다고 말했다(고

전 1:21). 복음은 우리 입을 통해 전해져도 믿을 수 있는 마음은 성령님께서 주시는 것이다. 그것은 우리가 하는 일이 아니다. 하나님이 하실 일이다. 아무리 복음을 말해 줘도 믿는 사람이 있는가 하면 믿지 않는 사람도 있다. 그것은 그 사람에게도 달렸지만 궁극적으로 하나님이 우리의 마음을 움직여야 하는 것이다. 그러니 복음의 능력 앞에 사람은 할 말이 없는 것이다.

우리나라도 100년 전엔 글을 모르는 신앙인들이 많았다. 그러나 그분들의 순전한 믿음이 지금의 한국 기독교의 뿌리가 되었다. 한국에서 전하든 아프리카에서 전하든 모두가 알아듣는 것이 바로 복음의 신비다. 나는 복음을 받아들인 그들에게 선포했다.

"하나님이 여러분을 너무도 사랑하셔서 저를 이곳까지 인도하셨습니다. 하나님께서 오늘 여러분을 구원하셨습니다. 하나님은 여러분의 예배를 받기 원하십니다."

어떤 이는 눈물을 흘렸고, 어떤 이는 기쁨의 박수를 쳤고, 어떤 이는 일어나 춤을 추었다. 복음을 전한 우리와 복음을 듣고 믿음으로 구원을 받은 모든 사람 안에 기쁨이 충만했다. 구원 받은 기쁨의 축제는 그날 밤이 늦도록 계속되었다. 우리는 모기에 물리고 벼룩에 뜯겨도 그저 좋았다. 그들은 발전기의 작은 불빛 아래에서 쉬지 않고 찬양을 부르며 춤을 추었다. 어른, 아이 할 것 없이 모두 어우러져 저마다의 기쁨을 표현하는 뜨거운 밤이었다.

별의 수효를 세시고 그것들을 다 이름대로 부르시는 하나님께서 그들의 얼굴을 기억하고 그 이름을 하나하나 불러 주셨을 것이다. 어떤 이들은 집안 살림을 뒤져 먹을 것을 만들어 내와 사람들에게 나누어 주었다. 사람들은 먹고 마시며 기쁨의 교제를 이어 갔다. 사도행전에 나오는 초대교회의 모습이 바로 그곳에 있었다.

나는 아프리카 어디를 가든 꼭 하는 말이 있다. '하나님은 공평하신 분'이라는 것이다.

"자, 여러분이 불평하며 감사하게 생각하지 못하는 것을 볼까요? 여러분은 곱슬머리라 생머리를 부러워합니다. 그런데 백인과 동양 사람들은 대부분 생머리여서 평생 비싼 돈을 들여 파마를 해야 합니다. 곱슬머리는 하나님께서 신경써서 주신 아주 귀한 선물입니다. 여러분은 태어날 때부터 하나님의 선물을 받았습니다. 또 동양 사람들은 아무리 비싼 돈을 들여 눈을 성형해도 여러분보다 커지지 않습니다. 어디 그뿐입니까? 여러분은 태어날 때부터 자연스럽게 춤을 잘 추고, 키가 커서 운동도 잘합니다"라고 말해 주면 다들 깔깔대며 무척 행복해 하며 웃는다.

그렇다. 하나님의 사랑에는 차별이 없으시다. 하나님은 정말 공평하신 분이다.

왜 이 상황이 힘들지 않은 거야?

나는 한국에 돌아와 목동 한사랑교회 황성수 목사님과 모잠비크에서의 일에 대해 나누었다. 감사하게도 그 교회를 통해서 쇼퀘 마을에

'마께띠아네 교회'를 건축할 수 있었다.

헌당예배를 위해 우리는 1년 만에 다시 모잠비크로 갔다. 이번에도 스와질란드 공항에서 내려 육로로 국경을 넘을 계획이었다. 그때 나는 스물여덟 시간이나 걸리는 장시간 비행에 맞춰 편한 티셔츠와 얼핏 보면 치마처럼 보일 정도로 통이 넓은 바지 차림을 하고는 간단한 손가방 하나만 들고 비행기에 올랐다. 그리고 마침내 스와질란드 공항에 도착했다.

공항에서 짐이 나오기를 기다렸다. 그런데 웬일인지 아무리 기다려도 우리 짐이 나오지 않았다. 스와질란드 공항은 국제공항이지만 하루에 한 번 비행기가 들어오면 업무가 종료되어 문을 닫는 아주 작은 공항이다. 이제 곧 문 닫을 시간이 되었는데도 우리 짐은 나올 기미가 없었다. 어찌된 일인지 직원에게 물어봤다. 직원은 더 이상 나올 짐이 없다면서, 우리가 비행기를 갈아탄 요하네스버그 공항에 알아보겠다고 했다. 그러나 우리는 모잠비크 국경을 넘어야 하는 일정이 남아 있었다. 국경 초소가 문을 닫기 전에 반드시 비자를 받아야 했다.

더는 기다릴 수 없어 우리는 할 수 없이 짐을 포기하기로 했다. 결국 달랑 손가방 하나씩만 든 채로 모잠비크 국경을 넘었다.

모잠비크 마푸토에 있는 숙소에 도착했는데, 난감하게도 우리 부부는 가진 것이 거의 없었다. 갈아입을 속옷도, 세면도구도 하나 없는 상황이었다. 다행히 비행기에서 서비스로 받았던 일회용품이 있어서 그것만 가지고 겨우 버텨야 했다. 그나마 남편은 나보다 사정이 나았다.

혹시나 해서 챙긴 속옷 한 장이 여유분으로 있었던 것이다. 그 순간 남편이 정말 부러웠다.

나는 모잠비크에 있는 동안 밤에는 입고 있던 속옷을 빨아서 널고, 아침에는 덜 마른 속옷을 다시 입어 체온으로 말리며 생활했다. 조금은 당혹스러운 상황이었지만, 신기하게도 우리 부부의 마음은 평안했다. '어떻게 하나님 일을 하러 와서 이런 상황에 닥칠 수가 있나!' 하는 생각은 전혀 들지 않았다. 불편한 현실에 짜증과 불만이 터져 나올 법도 한데, 희한하게도 우리 부부는 그저 'So Happy!'였다.

나도 나지만, 남편도 그런 상황에서 살아진다는 것에 신기해하기는 마찬가지였다. 남편은 평소에 '깔끔한 도시남'으로 불리던 남자였다. 그런데 하루는 내게 이렇게 말하는 것이다.

"여보, 왜 이렇게 기쁘지? 왜 이 상황이 안 힘든 거야?"

우리 부부는 그때 참으로 희한한 은혜를 체험했다. 하나님께서 우리 안에 기쁨을 부어 주시니, 상황과 상관없이 "예수님 한 분만으로 OK!"를 외칠 수 있었다. "여호와는 나의 목자시니 내게 부족함이 없으리로다"(시 23:1)라는 말씀을 제대로 누릴 수 있는 시간이었다. 여호와 하나님 한 분만으로 나는 더 바랄 것도, 필요한 것도 없었다. 내 손에 아무것도 없어도 괜찮았다. 하나님께서는 이 메시지를 우리에게 가르쳐 주셨다. 정말이지 우리는 아무것도 없는데도 기쁘고 감사했다.

마께띠아네 교회 헌당예배를 위해 우리는 아침 일찍 쇼퀘 마을로 갔다. 마을 분위기는 그전과 많이 달라져 있었다. 높게 자라 있던 잡초들을 모두 뽑아 깨끗한 마을을 만들었고, 태양열 시설을 설치해 교회에 전기가 들어오니 주민들의 삶의 질이 좋아졌다. 교회는 마을의 회관이 되어 아이들이 공부하는 장소로도 사용되었고, 마을 사람들이 수시로 모여 교제를 나누는 곳이 되었다.

헌당 예배를 준비하면서 나는 또 한 번 하나님께 감사했다. 아프리카 문화는 공식 석상에 여자가 설 때 치마를 입는 것이 예의였다. 공항에서 짐을 찾지 못한 나는 비행기 안에서부터 입고 있던 옷 한 벌이 전

부였는데, 마침 그 바지가 얼핏 보면 치마처럼 보이는 통이 큰 바지였던 것이다. 강단에 올라 주님 말씀을 전하기에 부족하지 않도록 하나님께서 예비해 주신 것이었다.

예배가 시작되자 사람들이 춤을 추면서 교회로 들어왔다. 먼저 성가대가 찬양을 부르며 들어왔고, 그 뒤로 교인들과 아이들이 춤을 추며 줄줄이 예배당 안으로 들어왔다. 마을에 복음이 전해지고 교회가 세워진 것에 대해 얼마나 기뻐하고 있는지 그들의 모습에서 충분히 느낄 수 있었다.

교인들은 집에서 가지고 온 것들을 하나씩 강대상 앞에 가져와 주님께 드렸다. 어떤 교인은 집에서 쓰던 양동이를 가져와 헌금하는 자리에 놓았다. 빗자루를 주님께 드린 교인도 있었다. 어떤 교인은 염소 한 마리를 끌어 와 바쳤다. 아이들은 교회 모형을 직접 만들어 왔다. 종이도 없고 나무도 없는 가난한 아이들이 어딘가에서 버려진 종이와 나무 조각들을 구해서 만들어 온 것이다. 비록 가진 것이 많지 않지만, 그럼에도 가진 것을 주님께 기쁨으로 드리는 그들의 모습이 얼마나 아름다웠는지 모른다.

예배를 드리는 중간에도 춤추고 찬양하다 보니 다섯 시간 동안이나 헌당예배가 이어졌다. 예배를 인도하는 나는 배가 고파 죽는 줄 알았다. 마치는 기도가 끝난 후에도 사람들은 오랜 시간 집에 돌아가지 않고 기쁨의 축제를 즐겼다. 하나님의 자녀가 된다는 것은 이렇게 감출 수 없는 기쁨이다.

복음이 들어간 곳에는 반드시 변화가 일어난다. 영혼의 변화가 삶의 변화로 이어지고, 하나님께서 주시는 은혜는 삶을 더욱 풍요롭게 만든다. 이것이 바로 복음의 능력이다. 마께띠아네 교회는 지금도 성도 간의 교제가 풍성한 기쁨의 예배를 드리고 있다.

모잠비크를 떠나는 날, 우리는 공항으로부터 가방을 찾았다는 소식을 전해 들었다. 두 번째 모잠비크 사역은 가진 것이 없어도 주님 한 분만으로 충분히 기쁨 속에 살 수 있음을 경험하게 하신 하나님의 선물이었다.

인도,
위험할수록
복음은 더 간절하다

하나님은 성경 속에만 계신 분이 아니다

인도 뉴델리 공항에 도착하자마자 박 선교사와 나는 열두 시간 가량 차로 달려 라자스탄에 도착했다. 파키스탄 국경과 가까운 지역인 라자스탄은 힌두 이슬람 세력이 강성한 곳이다. 기독교인들을 잡아서 때리고 교회에 불을 지르는 일이 빈번하게 일어나기도 한다.

위험할수록 복음은 더욱 간절하다. 제약이 없는 곳은 언제든 기회가 있지만 어려운 지역은 필요한 때를 놓쳐서는 안 되기 때문이다. 그래서인지 인도에서는 많은 기적이 일어났다. 하나님은 시작부터 아주 민감하게 다가오셨다. 사역지마다 예측할 수 없는 많은 일들이 일어나지만 이곳은 조금 특별했다.

나는 어느 선교지를 가든 항상 드리는 기도가 있다. 이곳에 하나님 나라가 임하게 해 달라는 기도다. 복음을 듣는 자마다 주님을 영접하여 구원을 얻게 하시고, 병든 자가 고침 받고 예수의 이름으로 기도할 때마다 귀신이 쫓겨나는 역사가 일어나 하나님의 살아 계심을 증거해 달라고 기도한다. 이것은 바로 예수님이 하신 일이고, 제자들에게 이렇게 기도하며 행하라고 가르치신 것이다.

나는 특별히 인도 사역을 준비하면서 개인적으로 두 가지를 더 기도했는데, 그 첫 번째가 추위에 대해서였다. 선교지에 갈 때면 사탄은 종종 추위로 나를 공격했기 때문이다. 우리가 갔을 때 인도 기온은 영상 2℃ 정도였는데, 난방시설이 없어서 더 춥게 느껴졌다. 나는 하나님께서 이스라엘 백성을 광야에서 구름기둥과 불기둥으로 지켜 주신 것처럼, 나도 밤마다 불기둥으로 둘러씌워 춥지 않게 지켜 달라고 기도했다. 어린아이 같은 이 기도는 나에겐 절실했다.

그런데 내 이런 기도에 하나님은 친절히 응답해 주셨다. 신기하게도 인도에 있는 동안 나는 추위를 조금도 느끼지 않았다. 싸늘한 밤바람에도 깨지 않고 잠들 수 있었던 것을 생각하면 은혜라고밖에 설명할 수가 없을 것 같다. 그 때문에 체력을 아낄 수 있었고, 그것이 인도 사역에서 나에게 얼마나 큰 위로와 힘이 되었는지 모른다.

또 하나는 냄새에 대한 것이었다. 인도는 소를 우상화하는 나라여서 길거리에 엄청나게 많은 소가 오간다. 그러다 보니 길마다 소똥이 발에 밟힐 정도로 많다. 게다가 인도 사람들은 소똥을 빈대떡처럼 빚어서 햇볕에 널어 말리는데, 음식할 때 그것을 불쏘시개로 사용한다. 그러니 어딜 가나 회색 도시처럼 공기는 뿌옇고, 사방은 온통 소똥 냄새와 파리로

득실거린다. 특히 식사 시간 무렵에는 집집마다 소똥 태우는 연기로 숨 쉬기조차 어려울 지경이었다. 그래서 나는 이 냄새 때문에 힘들지 않게 하나님께서 내 코를 주장해 달라고 기도했다.

그런데 이번에도 하나님께서는 내 기도에 응답해 주셨다. 인도에 있는 동안 나는 커피나 밥 같은 일상적인 냄새는 모두 맡을 수 있는데, 소똥 냄새 같은 악취는 전혀 맡지 못했다. 그러니 살 것만 같았다. 한번은 이런 일도 있었다. 라자스탄 숙소에서 덮고 자는 이불 냄새가 심했는데, 나는 이 냄새를 몰라서 다행이라고 생각하는 순간 갑자기 한쪽 코만 싹 열리면서 고약한 냄새가 바람처럼 들어왔다. 나는 너무 놀랍고 하나님이 하시는 일이 재밌으면서도, 그 냄새는 정말 도저히 참기가 힘들었다. 나는 다급히 하나님께 말했다.

"아버지, 무슨 냄새인지 이제 알았어요. 다시 냄새를 맡지 못하게 해 주세요."

그랬더니 이내 쏙 하고 냄새가 사라지는 것이 아닌가! 마치 하나님이 내게 짓궂은 장난을 치는 것만 같았다. 그게 얼마나 황당하고 웃겼던지, 아직도 그 일을 생각하면 웃음이 난다.

나는 매 순간 이렇게 인격적인 하나님을 만나는 것이 즐겁다. 하나님은 저 멀리에 계신 분이 아니다. 바로 내 곁에서 이렇게 함께해 주시는 분이다. 내 이야기를 들어 주시고, 나를 살뜰히 살펴 주시는 분이다. 이 사실이 얼마나 든든하고 행복한지 모른다. 이렇게 하나님과 일상 속 소소한 일들까지 나눌 수 있다는 것은 우리 믿음의 자녀에게 주신 특권이다.

우리에게 하나님을 아버지라고 부를 수 있게 하신 것은 그분의 사랑을 경험하며 더 깊이 관계 맺길 바라시기 때문이다. 사람 사이에도 좋은 추억을 많이 쌓을수록 더 관계가 깊어지고 가까워지는 것처럼, 하나님과의 관계에서도 마음을 여는 경험이 있어야 한다. 그분은 성경 속에 갇혀 계시는 분이 아니다. 지금도 온 우주 만물 가운데 역사하시고, 우리와 함께하시는, 친밀하고도 인격적인 하나님이시다.

나는 주님의 역사를 목격하는 자에 불과하다

통역을 맡은 현지인 사역자와 함께 라자스탄 마을로 들어갔다. 우리는 며칠 동안 집들을 두루 다니며 복음을 전했다. 우리를 맞아 주는 사람들이 있으면 그 집에 들어가서 함께 먹고, 복음을 전하며 교제했다. 손님에게 차 한 잔이라도 대접하려는 그들의 문화 덕분에 우리는 집에 들어가 복음을 전하기 수월했다.

누군가의 집에 머물다 보면, 외국인이 왔다는 소식에 동네 사람들이 하나 둘 구경을 왔다가 그 자리에 참여하기도 했다. 짧은 복음에도 구원의 확신을 고백하는 사람들이 일어났다. 우리는 그 자리에서 병든 사람들을 앞으로 나오게 하고 나사렛 예수의 이름으로 낫기를 기도했다. 아파도 병원 한번 제대로 가지 못하는 가난한 동네이다 보니 기도를 받기 위해 문밖까지 줄을 섰고, 기도 받은 사람이 또 다른 아픈 사람을 데려왔다. 우리는 쉬지 않고 기도하며 만나는 사람마다 복음을 전했다. 그리고 이곳에 가정교회가 세워질 수 있도록 격려했다.

특별히 이곳에서는 성령의 능력으로 치유의 역사가 강력하게 일어났다. 병이 낫는 기적과 귀신이 쫓겨 나가는 사건은 그들에게 하나님이 살아 계시다는 것을 보여 주는 표적과도 같았다. 그래서 선교지에서는 유독 치유와 축사가 많이 일어나는 것이 아닐까 싶다.

인도는 인구가 13억 명이 넘는다. 그 많은 사람이 가정마다 신을 모시고 있다. 한 집에 보통 열 개가 넘는 신을 섬기는데, 그 종류만도 2억 종이 넘는다고 한다. 섬기는 신이 많다는 것은 곧 그들의 삶이 불안하다는 말이다. 그들은 건강을 주는 신을 섬기고, 자식을 낳게 해 주는 신을 섬겼다. 그런데 복음을 들어 보니 지금껏 자신들이 섬겨 오던 신들과는 차원이 달랐다. 영생을 얻는다는 것이다. 게다가 하나님이 선교사라는 사람을 통해 아픈 사람을 낫게 하는데, 이런 경험은 삶에서 한 번도 해 보지 못했던 신비한 일이다. 설교를 들어 보니 그동안 들었던 것과는 전혀 다른 말이다. 그들의 귀가 열리기 시작했다.

나는 그들의 눈빛을 보면서 이 일을 주장하시는 분이 성령님이심을 분명히 알았다. 그들은 아직 예수를 몰랐지만 예수 때문에 고침 받을 수 있다는 간절함이 있었고, 그 간절함이 곧 믿음이 되었다. 마치 주님의 옷깃만 만져도 내 병이 낫겠다고 믿었던 혈루증을 앓던 여인과 같은 믿음이었다(막 5:25-34). 주님은 그 믿음을 보시며 역사하고 은혜를 베풀어 주셨다.

예닐곱 마을을 돌아다니며 병든 자들을 위해 기도할 때에 열병에 걸린 아홉 살 된 여자아이를 만났다. 그 아이가 기도 후에 곧바로 병이 나았고, 그의 어머니는 우리를 따라다니며 찬양하고 춤을 추었다. 나는 선교지에서 이런 일들을 볼 때마다 복음은 능력이 있고, 병을 고치고, 귀신을 쫓아낸다는 성경의 기록이 사실임을 확인했다. 내가 무슨 능력이 있어서가 아니다. 예수의 이름으로 기도했을 때 기적이 일어나는 것이며, 나는 그저 주님의 역사를 목격하는 자에 불과하다. 하나님이 살아계신다는 사실을 그 자리에 있는 모두가 함께 보는 것이다.

나는 아픈 이들을 볼 때마다 긍휼의 마음이 든다. 첫째는 주님이 저들의 영혼을 위해서 이 땅에 오셨다는 사실을 알기 때문이다. 만약 가난하고 병든 자들에게 주님까지 없다면 얼마나 절망스러운 일인가! 그래서 우리에게는 주님이 필요하다. 그래서 이 땅에는 복음이 필요하다.

우리는 예수를 영접한 사람들 중에서 리더를 뽑아 세웠다. 그리고 그의 집에서 예배 모임을 시작할 수 있도록 도왔다. 이후에는 인근에 교회를 찾아 그곳 사역자가 그들을 돌볼 수 있도록 연결해 주었다.

한번은 마을에서 사역하는 동안 우리를 계속 따라다니던 한 사람이 있었다. 그는 병든 자를 위해 기도하는 우리 모습을 지켜보며, 나에게 계속 무언가를 말하고 있었다. 나는 그 모습이 신경이 쓰여 현지 사역자에게 그가 무슨 말을 하는 것인지 물어보았다. 그가 하는 말은 대략 이런 내용이었다. "나는 다른 마을에 살고 있는데 아들이 병이 나서 걷지도 못하고 누워 있습니다. 여기까지 데리고 올 수 없으니 당신들이 내 집에 가서 아들을 위해 한 번만 기도해 주십시오."

그의 사정을 듣고 나니 회당장 야이로의 이야기가 떠올랐다. 사랑하는 딸을 고치기 위해서 자신의 체면 같은 것은 다 내려놓고 예수님의 발 아래 엎드려 딸을 고쳐 주시길 간청했던 야이로처럼, 이 사람 역시 자신의 아들을 낫게 하기 위해 못할 것이 없었고, 간절한 심정으로 우리를 계속 쫓아다녔던 것이다. 그가 사는 곳은 우리가 원래 가려고 계획했던 마을이 아니었지만, 자식을 위해 멀리까지 찾아와 열심히 따라다니는 아비의 마음에 감동이 되어 우리는 떠나는 일정도 미루고 그 사람의 집에 가기로 약속했다.

다음 날 그의 집에 가 보니 움막 같은 초가집에 동네 사람들이 안팎으로 30여 명 정도가 모여 있었다. 집 앞에 있는 평상에는 뼈만 앙상하게 남아 있는 그의 아들이 앉아 있었다. 폐병을 앓아 온 아들은 수년간 누워만 지냈다고 했다. 우리는 그 집에 들어가 사람들에게 복음을 전한 뒤 그 아들을 위해 기도했다. 그리고 이 마을에 주님의 살아 계심을 나타내 달라고 기도했다. 나는 아들의 손을 잡고 말했다.

"예수님의 이름으로 기도할 때 능치 못할 일이 없습니다. 예수님을 믿고 믿음으로 기도하세요."

아들은 눈을 감고 자신의 병이 낫기를 주님께 간절히 기도했다. 병든 자를 고치셨던 예수님의 사역이 왜 필요했는지 나는 그 아버지와 아들의 눈을 보며 알게 되었다. 고통 중에 있는 이들을 바라보시며 자유케 하고자 하셨던 주님의 마음을 느낄 수 있었다.

그날 아버지는 자기 가족을 다 불러 모아 예수를 영접했다. 그 마을에서 예수를 믿은 첫 번째 집이 되었다. 우리는 그를 마을에서 증인의 삶의 살도록 예배 모임의 리더로 세웠다. 그리고 현지 사역자가 이 집에서 사람들을 가르치고 훈련시키는 일을 하도록 했다.

한 사람이 세워지면서 그 마을에 여러 가정이 구원을 받게 되었고, 놀라운 부흥이 일어났다. 마을 사람들이 아픈 아들을 위해 함께 모여서 기도했고, 오랜 시간 아픔을 겪었던 아버지는 마을에 있는 또 다른 아픈 이들을 위해 기도하면서 온 마을이 기도 공동체로 변해 가게 되었다. 그 마을은 기도로써 하나님의 살아 계심을 확증하고 있다.

우리가 그곳을 나온 이후에 아들의 폐병이 빠르게 회복되고 있다는 소식을 들었다. 하나님의 놀라운 은혜에 감사했다. 그 아들은 이 마을 사람들의 기도 응답이었다.

힌두 사원에서 예배를 드리다

여러 마을을 다니며 복음을 전하고 병든 자를 위해 기도하며 리더를 세우는 일을 하다 보니 어느덧 떠날 날이 다가왔다. 그동안 세운 리더가 수십 명이 되었다. 마지막으로 그 사람들을 모아서 예배를 드릴 장소가 필요했다. 몇몇 사람은 먼 마을에서부터 찾아와 숙박을 하며 주일 예배를 기다렸다.

우리는 많은 인원이 함께 예배 드릴 수 있는 장소를 위해 하나님께 기도했다. 사실 이렇게 많은 사람이 모일 수 있는 장소는 힌두 사원밖에는 없었다. 우리는 혹시나 싶은 마음에 현지 사역자에게 알아봐 달라 부탁했다.

잠시 후 그가 신이 나서 달려왔다. 힌두 사원을 빌릴 수 있게 되었다고 했다. 이럴 수가! 믿을 수 없는 일이었다. 알아봐 달라 부탁하면서도 가능할 거라고는 생각지 않았다. 대여료를 준다고 해도 있을 수 없는 일이었다.

우리는 예배를 드리기 위해 힌두 사원으로 향했다. 도착해 보니 마당에는 이미 수많은 사람으로 꽉 들어차 있었다. 문이 열리지 않을 정도였다. 그곳에는 우리가 세웠던 리더들뿐 아니라 그동안 우리에게 복음을 전해 듣고 기도를 받았던 사람들도 있었다. 게다가 여기에 가면 병이 낫는다는 소문을 듣고 다른 지역에서도 사람들이 몰려왔다. 안으로 들어갔을 때는 통역관과 내가 겨우 서 있을 만한 작은 공간만 남아 있었다.

이렇게 많은 사람이 함께 힌두 사원에서 살아 계신 하나님께 예배를 드리는 놀라운 일이 시작되었다. 우리가 찬양을 가르쳐 주자 사람들은 박수를 치며 뛰었다. 그 모습이 얼마나 흥에 넘치던지, 지켜보는 것만으로도 은혜가 되었다.

그런데 이곳 사람들의 행동 중에서 특이한 점이 하나 있었다. 사람들은 내가 무슨 말을 하면 동시에 머리를 옆으로 '까딱' 하고 움직였다. 한마디 하면 까딱, 또 한마디 하면 까딱. 모두 약속이나 한듯이 머리를 흔들었다. 알고 보니 인도 사람들은 '알겠습니다', '아멘입니다', '이해합니다'처럼 상대방의 말에 동의할 때 이렇게 고개를 옆으로 까딱한다는 것이다. 힌두 사원에 모인 그날도 내가 한마디씩 외칠 때마다 사람들은 '까딱'으로 응답했다.

"하나님은 살아 계십니다!"

까딱.

"살아 계신 예수님을 찬양합니다!"

까딱.

"이곳에 성령님이 함께하십니다!"

까딱.

수많은 사람이 일제히 고개를 옆으로 까딱하는 모습을 한번 상상해 보라. 전 세계 어디서도 볼 수 없는 광경 앞에서 웃음도 나고 기쁨도 솟아올랐다.

그날 예배에는 자리가 없어 들어오지 못한 사람들도 많았다. 그들은 아쉬운 마음으로 작은 창문 너머로 안을 들여다보고 있었다. 말씀을 전하던 중 한 청년이 창문에 붙어서 열심히 안을 보고 있는 모습이 눈에 띄었다. 너무나 열심히 보고 있어서 자꾸만 그에게 눈길이 갔다. 그런데 예배 중간에 어떤 사람이 밖에 있던 그 청년을 데리고 들어오면서 큰 소리로 외쳤다.

"이 아이가 날 때부터 듣지 못했는데, 지금 귀가 들린다고 합니다!"

할렐루야! 그곳에 모인 사람들이 일제히 박수를 치며 환호성을 질렀다. 자리가 없어서 안으로 들어오지도 못했던 청년이었고, 우리가 안수 기도를 한 것도 아닌데, 오랫동안 앓고 있던 병이 낫는 성령의 역사가 일어났다. 태어날 때부터 듣지 못했던 그였지만 갈급함으로 예배를 지켜보았던 마음을 보시고 하나님이 기적을 일으키셨다. 예수님이 2천 년 전에 하셨던 그 놀라운 역사들이 동일하게 인도에서도 일어났다. 그 자리에 있던 우리는 함께 이 일을 지켜보며 하나님께 영광을 돌렸다. 우리는 더 힘있게 찬양하며 하나님의 살아 계심을 선포했다. 하나님을 부정하고, 그리스도인을 핍박하던 라자스탄이었다. 그러나 하나님은 그곳의 많은 무리들 앞에서 이적과 기사를 친히 보이시며 자신을 드러내셨다. 그 이후로 이 지역에 세웠던 리더들과 현지인 사역자들을 통해서 세례받은 자가 천 명이 넘는 역사가 일어났고, 복음의 수많은 진보가 이루어졌다.

내일 일은 난 모른다. 복음으로 또 어떤 기적이 일어날지 아무것도 모르지만 항상 그 안에서 그리스도가 함께하시고 구원의 역사를 이루신다는 것에 대해서 만큼은 확신한다. 선교지에서 일어나는 일이 우리 그리스도인의 삶에서도 동일하게 일어나야 한다.

스와질란드
우물에는
생명수가 흐른다

주님은 우리 인생의 목마름을 아신다

우리 부부가 찾아간 스와질란드 산마을은 2천 미터 고지에 위치하고 있는데, 그곳에도 사람들이 살고 있었다. 워낙 산지이다 보니 어른, 아이 할 것 없이 모두 산중턱에 앉아 복음을 들었다. 나는 큰 나무 아래에 서서 그들을 향해 말씀을 전했다. 예수님께서 가르치셨던 산상수훈의 현장이 바로 이런 모습이지 않았을까 하는 감동이 있었다.

그들은 하나님 나라의 기쁜 소식을 듣고 그 자리에서 예수님을 영접했다. 아이들까지도 고사리 손을 모아 영접 기도를 따라했다. 그 모습을 보며 숨겨진 열방 구석구석에도 얼마나 많은 사람이 복음과 구원을 갈급해하고 있는지, 하나님께서는 구원에 이르게 할 사람들을 얼마나 많이 준비하고 계신지 다시 한번 마음에 새길 수 있었다.

아프리카 대부분이 그렇지만 스와질란드는 고지대가 많다 보니 물이 아주 귀하다. 가뭄 때는 사람과 동물이 같은 물을 먹어야 할 정도다. 내가 찾아간 마을에도 물이 없었다. 어디선가 후원을 받아 파 놓은 우물이 있었지만, 얕아서 조금만 가물어도 금세 말라 버리곤 했다. 게다가 돈 때문에 지하 암반까지 깊이 파지 못했던 터라 우물이라고는 하지만 더러운 물을 그냥 먹는 수준이었다. 또 우물을 마을 한가운데 파 놓아서 문제가 생겼을 때 아무도 책임을 지지 않았다. 그럴 땐 마을 사람들이 돈을 모아서 고쳐 쓰는 게 이치인데, 가난한 사람들이라 그냥 방치해 두는 경우가 종종 있다.

우리는 복음을 전하러 가서 우물이 필요한 곳을 만나면 직접 파 주기도 하고, 방치된 우물들을 보수해 주기도 했다. 그리고 보통 학교 안에 우물을 파서 문제가 생겨도 학교에서 해결할 수 있게 함으로써 지속적으로 유지할 방안을 마련해 두었다.

이번 우물은 남편이 한국에서 주례를 서 주었던 한 신혼부부가 패물을 마련할 돈으로 후원해 준 것이다. 덕분에 스와질란드의 이 산마을은 학생들뿐 아니라 온 마을 사람들이 먹을 수 있는 물이 생겼다. 그뿐 아니라 이번 일을 계기로 스와질란드 다른 곳에도 우물을 팔 기회들이 생겼다. 한국의 한 교장 선생님이셨던 권사님이 정년퇴임을 하면서 받은 퇴직금으로 또 다른 학교에 우물을 파도록 후원해 주었다.

고마운 마음을 전하고 싶었던 산마을 사람들은 우물가로 음식을 만들어 와서 함께 나누었다. 어려운 형편 중에도 대접하려는 모습이 얼마나 따뜻하고 고마웠는지 모른다.

우물 공사가 이루어지는 동안 나는 학교에 여러 번 방문해 복음을 전했다. 물이 없는 곳에 마실 물을 마련해 주며, 메마른 땅에 생수가 되시는 예수님을 전하는 사역을 했다. 이 물 덕분에 에스겔의 마른 뼈들이 다시 살아나는 것처럼 마을 사람들에게도 다시 생기가 불었다.

나는 마을 사람들이 이 우물을 보며 영원히 목마르지 않을 생수를 기억하길 소망했다. 우리의 인생에는 채워지지 않는 목마름이 있다. 그 마음의 허기를 채우기 위해 애를 쓰지만 예수 그리스도가 없는 삶은 끝없이 공허하고 메마를 뿐이다. 그러나 주님은 남몰래 우물을 푸던 사마리아 여인을 찾아가 그의 갈급함을 해결해 주셨다. 그리고 그 주님은 지금을 살고 있는 우리의 아픔과 슬픔, 오랜 목마름도 알고 해결해 주기를 원하신다. 그래서 사람들이 우리를 다 외면해도 주님은 세상의 모든 편견을 뛰어넘어 우리에게 다가와 말을 걸고 손을 내밀어 주신다. 그러고는 영원히 목마르지 않을 생수가 되어 주신다.

이것이 얼마나 큰 감격인가. 어떤 것으로도 채워지지 않는 인생의 갈급함이 찾아올 때, 그 메마른 땅에 단비가 되어 주시고, 광야의 삶에서 기꺼이 구원의 우물이 되어 주시는 주님. 그러니 우리는 끊임없이 주님을 만나야 한다.

펌프질을 할 때 붓는 한 바가지의 마중물이 깊은 곳에 있는 물을 끌어올린다. 나는 지금껏 내가 해 오고 있는 사역이 바로 이 마중물 같다는 생각을 한다. 가는 곳마다 이렇게 예수 그리스도의 깊은 생수를 길어 올릴 수 있는 마중물 같은 사역이 되길 소망한다.

하마터면 죽을 뻔했는데 기쁘다니 웬 말인가

우리는 또 다른 오지에 복음을 전하기 위해서 더 깊은 산속 마을로 들어가기로 했다. 현지 사역자는 자신이 먼저 가서 마을 사람들을 모아 놓겠다며 우리보다 일찍 출발했다.

남편과 나는 오후가 되어 길을 나섰다. 차를 타고 가기는 했지만 이정표도 없고 사람도 드물어 길을 찾기가 쉽지 않았다. 게다가 가는 중에 비가 부슬부슬 내리기 시작했다. 안개까지 잔뜩 끼었다. 결국 꼬불꼬불한 산길에서 길을 잃었다. 설상가상으로 날이 저물어 어두워지기 시작했는데 우리는 어디로 가야 할지 몰라 헤매기 시작했다.

아무리 길을 달려도 목적지는 보이지 않았다. 날은 완전히 어두워져 헤드라이트에 비친 코앞만 보일 뿐 주위는 한치 앞도 알 수 없는 어둠 천지가 되었다. 우리는 여기가 대체 어디쯤인지 알 수가 없었다. 우선 주변을 살펴보기 위해 남편은 차를 멈췄다. 그리고 내려 손전등을 비추어 보았다. 그런데 맙소사, 이게 웬일인가! 바로 앞이 낭떠러지였던 것이다. 그때 만약 차를 멈추지 않고 계속 달렸더라면 그대로 하늘나라로 직행했을 것이다. 그러나 주님은 산속 오지에 복음을 전하는 임무를 우리에게 맡기셨기에 아무것도 모른 채 절벽으로 달려가게 두지 않으시고 멈추게 하셨다.

하지만 신기하게도 그 절벽 앞에서 우리는 죽음에 대한 두려운 마음이 전혀 들지 않았다. 심장이 내려앉을 듯한 순간이었는데도 알 수 없는 평안함이 있었다.

겨우 차를 후진해서 바위 사이로 빠져나왔다. 그러고 나서 살펴보니 바위틈으로 내려가는 길이 나 있는 것이 보였다. 간신히 손바닥만 한 길을 지나 다시 목적지를 향해 갔다. 그때 내 입에 찬송이 흘러나왔다.

"태산을 넘어 험곡에 가도 빛 가운데로 걸어가면 주께서 항상 지키시기로 약속한 말씀 변치 않네."

내 선창에 남편도 함께 따라 부르기 시작했다.

"캄캄한 밤에 다닐지라도 주께서 나의 길 되시고 나에게 밝은 빛이 되시니 길 잃어버릴 염려 없네. 하늘의 영광 하늘의 영광 나의 맘속에 차고도 넘쳐 할렐루야를 힘차게 불러 영원히 주를 찬양하리."

이 찬양의 가사가 절벽 끝에 선 우리 상황과 딱 맞지 않는가! 곧 우리의 신앙고백이었다. 내가 매일 순례의 길을 떠날 수 있는 것은 바로 이런 은혜의 하나님과 함께하기 때문이다. 나는 '이 찬양을 쓴 사람도 혹여 우리와 같은 일을 겪은 사람은 아니었을까' 그런 생각도 해 보았다.

현지 사역자는 우리가 도착할 때가 이미 지났는데도 오지 않자 걱정이 되어 마을 어귀까지 마중을 나와 있었다. 그런데 우리가 찬송을 부르며 나타나자 그제야 안도의 한숨을 내쉬었다.

우리는 안내를 따라 다시 끝도 없이 산길을 올랐다. 그리고 드디어 산 정상에 있는 마을에 도착했다. 그곳에서 마을 추장의 허락을 받아 족장회의를 위해 만들어 놓은 작은 집을 빌렸다. 비가 부슬부슬 내리는 그 밤에 사람들은 호기심 가득한 얼굴로 아이들의 손을 잡고 모이기 시작했다.

그곳에서 만난 사람들은 순수하지만 힘들어 보였다. 찡그린 표정들은 고달파 보였고, 유난히 눈이 아픈 사람들이 많았다. 나는 오래전부터 아프리카 지역에 비누 나눠주는 일을 했다. 물이 있는 곳에 가면 비누로 손을 어떻게 씻는지 가르쳤다. 5년 전 세계보건기구(WHO) 발표에 따르면 다섯 살 미만의 어린이 중에 깨끗하게 닦지 못해서 죽는 아이들이 1년에 250만 명이나 된다는 보고가 있었다. 이는 아이들이 에이즈로 죽는 것보다 더 많은 수치다. 손만 제대로 닦아도 병 발생률을 50퍼센트나 줄일 수 있고, 아스피린같은 아주 간단한 약만 있어도 나을 수 있다. 그럼에도 이런 것들을 모르고 그대로 죽어 가는 생명들을 보면 너무 안쓰럽다. 그래서 이들에겐 더욱 하나님이 필요하다.

우리 영성도 마찬가지다. 나는 손 닦기를 가르치면서 늘 나 자신의 영성을 돌아보곤 한다. 집을 나서기 전에는 손이 깨끗했더라도 밖에서 사람들을 만나고 복음을 전하다 보면 먼지와 세균에 노출될 수밖에 없다. 이것저것을 만지면 손은 언제든 더러워지게 마련이다. 그때마다 손을 잘 닦지 않으면 안 된다. 세균은 눈에는 잘 보이지 않는 것 같아도 언제 어떻게 내 건강을 해칠지 모른다. 마찬가지로 우리 안에 영적 청결도 한 번 씻었다고 장담할 수 없다. 계속해서 말씀과 기도로 씻어 내야만 한다. 위생을 위해서 자주 손을 씻어야 하듯, 성결한 삶을 위해서는 지금 내가 성령 안에 있는지 수시로 확인하고 점검해야 한다.

나는 그들을 보면서 속히 복음을 전하고 싶은 마음이 들었다. 성실하시고 사랑이 많으신 하나님은 그날도 많은 사람이 예수님을 영접하고 구원을 얻게 하셨다. 스와질란드는 다른 곳보다 외부인에게 마음의 문이 많이 열려 있는 곳이다. 그들의 오랜 문화나 미신, 풍습은 남아 있지만, 낯선 복음에 대해서 마음을 잘 열어 주었다.

예배는 새벽이 다 되어서 끝이 났다. 우리는 어제 그 문제의 낭떠러지가 있던 길을 지나 산 아래로 내려왔다. 내 안에 찬양이 다시 터져 나왔다. 우리 부부는 소리 높여 찬양을 부르다가 서로를 쳐다보며 말했다.

"여보, 우리 미쳤나 봐. 어떻게 이렇게 기쁠 수가 있지?"

"그래, 우리 예수님께 미쳤지."

우리는 더욱 큰 소리로 찬양을 부르며 산길을 내려왔다. 그때 하나님께서 나에게 한 가지를 깨우쳐 주셨다. 주님이 기뻐하시는 일에 순종하면 주님께서는 우리 안에 당신의 기쁨을 선물처럼 충만하게 부어 주신다는 것이다(요 15:11). 우리는 마치 투명한 유리컵과 같다. 컵은 아무런 색이 없다. 그러나 거기에 커피를 담으면 커피 색이 드러나고 주스를 담으면 주스 색이 드러난다. 내 투명한 유리컵에는 그리스도가 부어 주신 기쁨과 감사로 가득했다. 그 기쁨과 감사의 색이 겉으로 드러나고 흘러넘쳤다. 이것은 하나님이 주신 전적인 기쁨과 충만함이었다. 한 치 앞도 보이지 않는 위험천만한 산길을 갈 때도, 낭떠러지 앞 죽음의 순간에도 감사하게 되는 그런 하늘나라의 기쁨 말이다.

차마고도
땅끝에도
구원받아야 할 영혼이 있다

나는 소금보다 귀한 복음을 들고 들어갔다

어느 날 TV에서 차마고도에 대한 다큐멘터리를 본 적이 있다. 차마고도는 중국의 차(茶)와 티베트의 말(馬)을 교환하기 위해 개통된 옛길이란 뜻이다. 이 길은 기원전 2세기부터 존재한 고대 무역로로, 중국 쓰촨성에서 시작되어 티베트, 네팔, 인도, 파키스탄 등지를 거쳐 실크로드로 이어진다. 하지만 해발 4천 미터가 넘는 험준한 길과 설산이 굽이굽이 펼쳐져 있고, 보기만 해도 아찔한 위험천만한 협곡들이 끝없이 이어져 있는 곳이다.

차마고도는 세상의 문명과 가장 동떨어진 지역 중 한 곳이다. 하지만 인간의 손이 닿지 않은 만큼 자연 그대로의 모습을 간직한 곳이기도 하다. 여러 이민족들이 함께 살아가고 있는데, 사람들의 순박한 모습이 너무도 인상적이었다. 나는 방송을 보면서 차마고도에 복음을 전하러 갈 수 있게 해 달라고 기도했다. 그리고 얼마 후 그곳에 들어갈 기회가 생겼다. 한 선교단체를 통해 차마고도에 대한 정보를 얻었고, 이번에는 조선족 통역관 한 명과 함께 혼자 길을 떠났다.

집을 나서기 전 나는 집안 살림에 관련된 서류들을 정리해서 남편에게 주었다. 몇 시간을 가도 산뿐이고, 전화도 터지지 않은 곳이라 혹시라도 사고를 당해 돌아오지 못할 수도 있으니 만약을 대비한 것이다. 남편은 위험한 줄 알면서도 복음을 전해야 한다는 사명으로 나를 보내 주었다.

우리는 사역을 떠날 때 정말 위험한 곳은 보통 나 혼자 간다. 둘 다 잘못되면 안 되니 한 사람이라도 남아서 뒷수습을 하기 위해서다. 학자 스타일의 남편보다는 기질상 모험심이 강한 내가 혼자 가는 게 마음 편하다. 떠나기 전 미국에 있는 아이들에게도 전화를 걸었다. 이번에 가면 돌아오지 못할 수도 있으니 그렇게 되면 천국에서 만나자고 말이다. 그만큼 이번 여정이 험난할 것을 알고 나름의 각오로 떠난 것이었다.

나는 차마고도에서도 특별히 중국과 A국을 접하고 있는 여러 마을을 찾아다니며 복음을 전했다. 처음 차마고도를 마주했을 때의 풍경은 지금도 잊을 수가 없다. 하나님이 지으신 자연 그대로의 경관에 그저 외마디 탄성만이 나올 뿐이었다. 4천 미터 고지에 드문드문 집이 한 채씩 있었고, 그곳 주민들은 그 척박한 땅에서 산을 개간해 농사를 짓고 있었다. 과연 사람이 살 수 있을까 싶은 이런 곳에서도 사람들은 삶을 이어 가고 있었다.

차마고도에 가려면 위험한 산길을 지나 줄을 타고 강을 건너야 했다. 산으로 올라가는 길은 비가 오면 유실될 위험이 있었다. 때때로 낭떠러지 아래로 차가 떨어지는 사고가 있었다고 한다. 실제로 미국 간호선교사들이 유실된 길에서 밑으로 떨어져 죽음에 이르기도 했었다.

그러나 4천 미터 고지로 올라가려면 이 길밖에는 없다. 나는 동물을 실은 트럭 한 대를 빌려 몸을 실었다. 차 한 대가 간신히 지나갈 수 있는 험준한 산길을 굽이굽이 정처 없이 올라갔다. 이제 정상에 도착했나 싶으면 다시 꼬불꼬불 산길을 내려가 또 다음 산으로 넘어갔다. 이렇게 몇 시간이나 오르락내리락을 수없이 반복하며 어지러운 길을 지났다. 올라가다 보면 눈이 꽝꽝 얼어서 사방이 고드름이었고, 또 내려가다 보면 눈이 녹아 폭포수를 만들어 장관을 이루고 있었다.

차마고도의 집들은 대부분 깎아지른 절벽 위에 있다. 그곳 사람들은 절벽에 나무로 작은 집을 지어 살아가고 있었는데, 만약 집 바닥에 구멍이 생겨 거기에 빠지면 그대로 낭떠러지 아래로 떨어지는 위험천만한 구조였다. 천 길 낭떠러지 위에 헝겊 하나 깔아 놓고 사는 것이다. 그런데도 사람들은 아무렇지 않게 그 집에서 밥을 해먹고 잠을 잔다. 그 모습을 볼 때면 머리가 쭈뼛쭈뼛 서기도 했다.

추운 날씨에 난방시설 같은 것은 당연히 없었다. 집이 타지 않을 정도로 불을 피워 놓고 온기를 유지하며 지내는 것이 다였다. 그곳에서 제일 귀한 것은 소금이다. 그곳 사람들은 며칠씩 걸어 나와야만 소금을 구할 수 있기 때문이다. 누가 외지로 나간다고 하면 제일 먼저 소금을 부탁한다. 그들이 나에게 가져와 달라고 한 것도 소금이었다.

그러나 어디 소금만 귀하겠는가. 밖으로 나오기도 어려운 곳이지만, 들어가기도 힘든 이런 곳에 나는 소금보다 귀한 복음을 들고 들어갔다. 나는 이곳에 이르는 동안 오직 한 가지만을 생각했다. 그것은 영혼 구원이었다. 복음을 받아들일 한 영혼을 기대하며 내 생명을 거는 기분은 참으로 새로웠다. 그것은 그리스도의 마음이었다. 나를 위해 기꺼이 목숨을 걸어 주고, 기꺼이 내가 있는 곳까지 찾아와 주는 예수 그리스도. 그분을 전하러 가는 전도자의 발걸음은 그래서 눈물인 것이다.

그곳에 하나님께서 계시니 나는 당연히 간다

나는 마을에 들어가기 위해 세계 3대 협곡 중 하나인 누강을 지났다. 누강은 물살이 너무 세서 강물에 빠지면 그냥 휩쓸려 내려가 도저히 빠져나올 수 없다고 한다. 그래서 누강을 끼고 있는 협곡은 도르래에 줄을 연결해서 강을 건넌다. 사람이고 동물이고 짐이고 모두 그 줄을 잡고 강을 건너야 한다.

그동안 숱한 상황을 경험해 온 터라 어지간한 일에는 두려움이 없는 사람인데, 이 누강을 건널 때만큼은 나도 두려움이 앞섰다. 과연 내가 건널 수 있을까? 생각만 해도 심장이 뛰고 다리가 후들거렸다. 나도 모르게 주님을 외쳤다.

그런데 줄을 딱 잡는 순간 이내 마음이 평안해졌다. 밑에는 세찬 물

살이 흘러가는데, 두려움은 온데간데없어졌다. 어느새 나는 강을 건너 반대편 산에 도착해 있었다. 뒤를 돌아보니 까마득한 것이 어떻게 저기를 건너왔을까 믿어지지 않을 정도였다. 그렇게 험난한 길을 지나 드디어 강 건너 마을에 사는 이수족을 만났다. 외부 사람들이 찾아올 일이 적으니 그들은 누구라도 반가워했다.

이수족에게 복음을 전할 때는 세 개의 언어를 거쳐 통역을 했다. 내가 전한 말씀을 조선족 통역관이 중국말로 이야기하고, 그것을 이수족 언어로 또 한 번 통역했다. 번거로운 과정이지만 그들이 가장 이해하기 쉬운 언어로 하나님이 누구신가를 전하기 위해 노력했다.

내가 하는 이야기를 반짝거리는 눈으로 듣고 있는 사람들을 보니 마음이 울컥했다. 하나님께서는 이곳까지 목숨을 걸고 와서 복음을 전할 자를 찾고 계셨을 텐데, 그것이 나여서 너무 감사했다. 내가 살아서 그들에게 복음을 전할 수 있다는 사실이 감격이었다. 계속해서 이 강을 건너와 줄 사람이 있기를 바랐다. 복음을 위해서 말이다.

차마고도에도 예수님을 영접한 사람들을 중심으로 작은 교회가 세워졌다. 버스 하나 다니지 않는 곳에서 사람들은 예배를 드리기 위해 그 험난하고 먼길을 걸어서 와야 했다. 2~3일씩 걸어서 오는 동안 눈이나 비가 오면 산속에서 웅크리고 있다가 다시 걷고, 저녁이 되면 산등성이 길 한쪽에서 이불을 덮고 쪽잠을 자며 예배를 드렸다. 그렇게 해서라도 교회로 오는 사람들을 보며 복음은 정말 놀라운 능력을 가지고 있다고 확신하게 되었다. 예수님의 십자가의 사랑이 그들 안에 머물자 그 어려운 여정도 감사할 수 있었다.

그들과 함께 예배를 드리며 '나 같은 죄인 살리신' 찬양을 부르는데, 순간 눈물이 주체할 수 없을 만큼 쏟아졌다. 이 척박한 땅에도 복음이 들어와 함께 이 고백을 할 수 있다는 사실이 너무도 감사했다. 그뿐 아니라 첩첩산중에서 하나님을 예배하고 있다는 사실이, 하나님을 향한 찬양이 울려 퍼지고 있다는 사실이 감격이었다. 나는 마음속으로 계속해서 소리쳤다. '아버지 보고 계십니까? 듣고 계십니까?'

내가 처음 본 차마고도는 '이런 땅끝에 정말 사람이 살까?'라고 생각하게 만드는 곳이었다. 그러나 하나님은 이곳에도 구원해야 할 당신의 사람들이 있다는 것을 알려 주셨다. 사람들은 나에게 왜 이렇게 험한 곳을 자처해서 가냐고 말한다. 그러나 나는 힘들게 찾아간, 땅끝과 같은 곳에서 생명을 보고 온다. 하나님께서 하시는 일을 보고 온다. 그 감격이 너무도 크다. 그것 때문에 나는 또 땅끝으로 간다. 그곳에 하나님께서 계시니 당연히 가는 것이다. 그리고 더 많은 사람이 가야 한다.

현재 차마고도의 사역 상황은 그리 좋지 않다. 중국에서 많은 선교사들이 추방당하고 있는 상황이어서 그곳에 있는 선교사들도 거의 다 쫓겨났다. 그 와중에도 예배는 멈추지 않고 계속 이어지고 있다. 현재는 세워 놓은 현지인들이 맡아서 사역을 하고 있다. 뿌려진 씨앗들이 자라고 있는 것을 볼 때면 고난 중에 위로를 받는다. 내가 선교사로서 하나님 앞에 절실히 구하는 것은 추수할 일꾼을 더 보내 달라는 것이다.

사역을 마치고 다시 누강을 건너 돌아올 때, 줄에 매달린 나는 이번에는 환호성을 질렀다.

"아버지, 감사해요!"

주님이 나를 꼭 안고 있는 것 같았다. 더 이상의 두려움은 없었다. 나는 아직도 그 땅을 향해 기도한다. 복음이 들어가지 않은 깊은 산골짜기마다 십자가 복음이 전파되어 하나님 나라가 임하게 되기를, 그리고 또 누군가는 마음을 다해 그곳을 향하여 달려가기를 말이다.

폭우도 하나님께는 문제가 아니다

A국 북쪽에 있는 B지역은 선교사가 하나도 없는 곳이다(이후 A국에서의 사역은 편의상 나라, 지역, 인명을 달리 표현했다). 내가 이곳에 들어갈 때는 마침 우기였다. 우기에는 폭우가 자주 쏟아지는데, 한 번 올 때면 마치 하늘에 구멍이 뚫린 것처럼 퍼붓는다. 물이 무릎까지 차는 것은 당연하고 심할 때는 허리까지 올라오기도 한다.

사역을 시작해야 하는데 비가 오면 참으로 난감하다. 그래서 나는 날씨를 위해 기도했다. 물이 차면 이곳에 들어갈 수도 없고, 간다 한들 꼼짝 없이 갇히게 되니 내가 사역하는 동안에는 비가 오지 않게 해 달라고 말이다.

B지역에 도착해 보니 다행히 비가 오지 않았다. 그전까지만 해도 3일 내내 나무가 뿌리째 뽑혀 나갈 정도로 엄청난 바람이 불고 폭우가 쏟아졌다는 소식을 들었다. 하지만 내가 도착할 때는 언제 그런 일이 있

었냐는 듯 마을 전체가 조용했다. 게다가 이곳에서 사역하는 동안 감사하게도 비가 한 방울도 내리지 않았다.

이곳에 세운 교회에서 첫 헌당예배를 드린 후 저녁마다 예배를 드렸다. 고아원에서는 칠십 명 정도 되는 아이들에게 말씀을 전했는데, 많은 아이들이 주님을 영접했다. A국은 지역마다 고아원이 많다. 부모가 모두 죽고 고아가 된 경우도 있지만 대부분 가난한 한부모 가정 아이들이 이곳에서 돌봄을 받고 있다. 나는 아이들 한 명 한 명에게 안수하며 기도했다. 우리를 고아처럼 버려두지 않으시는 하나님께서 친히 이 아이들의 아버지가 되어 주시길, 그래서 이 아이들에게 소망이 있게 하여 주시길 기도했다.

밤이 되면 교회 성전 안에 모기장을 치고 잤다. 불을 켜 놓으면 벌레들이 사방에서 날아다니는 소리가 들렸다. 한번은 정체를 알 수 없는 벌레가 날아다니며 천장에 달아 놓았던 풍선을 터트리는 통에 깜짝 놀라기도 했다. 그런데 식사 때 보니 전날 밤에 날아다니던 그 까맣고 큰 벌레가 볶아진 채로 접시에 담겨져 나왔다. 적어도 5~6센티미터는 되어 보였다. 그 벌레를 먹어야 하나 말아야 하나 무척 고민하다가 용기를 내어 입에 넣었다. 생각보다 죽을 맛은 아니기에 예의를 갖춰 맛있다고 했다. 그랬더니 그 벌레 반찬이 식사 때마다 나오기도 했다. 며칠 동안 그 반찬을 먹다가 한국으로 떠날 때는 선물로 받기까지 했다.

하루는 B지역에서 차로 네 시간 거리에 있는 C지역에 복음을 전하기 위해 들어갔다. C지역은 누구라도 예수를 믿으면 족보에서 그 이름을 뺄 정도로 기독교에 상당히 배타적인 곳이다.

우리는 그곳에서 사역자 요한의 먼 친척인 한 남자를 만났다. 그는 학교 교사였는데 우리가 자신의 집에서 예배를 드릴 수 있도록 배려해 주었다. 그가 데려온 마을 사람들 열여섯 명 정도가 주님을 영접했고, 그날 복음을 받아들인 사람들을 통해 이 지역에 교회가 시작되었다.

사역하는 동안 매일 40℃가 넘는 폭염이 계속되었다. 말도 못하게 더웠지만 한편으로는 비가 오지 않으니 얼마나 감사했는지 모른다. A국 대부분의 집들은 양철 지붕으로 되어 있는데 그 안에서 땀을 뻘뻘 흘리며 복음을 전했다. 그러고 나면 마치 다함께 찜질방에 모여 앉은 것 같은 느낌이었다. 나는 밤이 되면 거의 탈진 상태가 되었다. 그러나 구원받는 자가 하루하루 늘어나는 모습을 보니 육체는 죽을 것같이 힘들어도 영혼은 뛸듯이 기뻤다. 땀으로 범벅이 되면서도 비가 오지 않게 해 달라는 내 기도에 열심히 응답하고 계시는 하나님 때문에 입에서는 감사가 흘러나왔다.

B지역에서 사역을 다 마치고 나오는데 누군가 내 손에 작은 봉투 하나를 쥐어 주었다. 봉투에는 자국어로 감사하다는 말과 함께 가족의 이름이 적혀 있었다. 그리고 우리나라 돈으로 약 400원 정도 되는 현지 화폐가 들어 있었다. 어려운 형편 속에서도 자신들에게 복음을 전해 준 것에 대한 고마움을 표현하고 싶었던 것이다. 나는 그들의 마음을 기억하고자 지금까지도 그 돈을 가지고 있다. 나는 그저 보내신 이의 말씀을 따라갔을 뿐, 내가 받을 감사와 영광은 아무것도 없다. 나는 이것을 날

마다 되새길 뿐이다.

경비행기를 타기 위해 공항에 도착했다. 활주로를 걸어서 비행기 트랩에 올라서는 순간, 어디선가 물방울 하나가 내 이마에 톡 하고 떨어졌다. 올려다보니 하늘 저 끝에서 먹구름이 몰려오는 것이 보였다. 내가 비행기 좌석에 앉았을 때에야 빗방울이 톡톡 떨어지며 유리창을 타고 흐르기 시작했다. 순간 내 가슴 밑바닥에서부터 뜨거운 감격이 올라왔다. 주님의 이름을 나지막이 부르며 감사를 드렸다. 창문에 흐르는 빗방울을 보며 내 눈에도 눈물이 흘렀다.

그날 하나님께서 보여 주신 기막힌 타이밍과 섬세함은 내가 평생 잊지 못하는 감동의 장면으로 남아 있다. 이것은 나와 하나님 사이에 특별한 교감이었다. 내가 걷는 이 길의 모든 순간, 모든 이야기 속에 하나님이 함께하고 있다는 것을 뜨겁게 경험한 순간이었다.

내 삶의 매뉴얼은 그저 하나님의 말씀이다

타고난 기질은 잘 바뀌지 않는다. 사람들이 사는 모습을 보면 참 제 성격대로인 것 같다는 생각이 든다. 그런데 가만 보면 믿음도 성격대로다. 나는 융통성이 별로 없다. 곧이곧대로, 하라는 대로 한다. 시작했으면 끝장을 보고, 대충이라는 것은 없다. 부족하고 연약하지만 하나님께서 가라고 하시면 무조건 순종하고 나아가는 것이다.

내 삶의 매뉴얼은 그저 하나님의 말씀이다. "~해라" 하시면 하고 "~하지 마라" 하시면 멈춘다. 주님을 만나고 난 뒤 그것이 내 인생의 기준이 되었다. 나를 미워하는 자를 어떻게 내 힘으로 축복하겠는가? 나는 그런 위인이 아니다. 그러나 죽었다 깨나도 싫은 일을 하나님이 하라고 하시니 "내게 원수를 축복할 수 있는 힘을 주세요" 하고 기도한다. 그러면 "욕을 당하시되 맞대어 욕하지 아니하시고 고난을 당하시되 위협하지 아니하"(벧전 2:23)신 주님을 보게 하신다. 내게 해코지하는 사람까지도 불쌍히 여기는 마음을 부어 주신다.

나 또한 평생 잊지 못할 부당한 일을 당했었다. 나는 나에게 부당한 일을 한 사람에게 "당신은 하나님이 안 계신 것처럼 행동했지만, 하나님이 살아 계셔서 보고, 듣고, 다 알고 계시기 때문에 원수 갚는 것은 하나님께 맡기고 나는 당신에게 아무 행동도 취하지 않겠다"고 말한 적이 있다.

세상은 부당한 일을 당했을 때 우리에게 복수하는 것이 정당하다고 말한다. 그러나 하나님의 말씀은 "너는 그가 내게 행함같이 나도 그에게 행하여 그가 행한 대로 그 사람에게 갚겠다 말하지 말지니라"(잠 24:29) 하고 가르친다. 원수를 갚는 것은 하나님이 하실 일이라는 것이다. 그래서 나는 하나님 아버지 뜻대로 원수를 욕하지 않고 축복하겠다고 기도한다.

나는 사역을 하면서 건강을 지키는 것 또한 하나님 일의 일부임을 배웠다. 그래서 먹는 것도 사역하듯 한다. 그것에 철저히 순종한다. 우리 몸은 하나님께서 거하시는 성전이기에 우리는 영성을 갈고닦고 말씀을 읽고 예배를 드린다. 마찬가지로 육신도 내 것이 아니니 관리를 해야 한다. 그러니 먹는 것도 주를 위해, 먹지 말아야 하는 것도 주를 위해 해야 한다. 물론 어느 때는 욕심이 올라와 반칙도 하지만 고무적인 것은 계속 반칙하지는 않는다는 것이다. 매번 그러면 몸이 망가질 테니 말이다.

사역자들은 육의 건강을 돌보지 않고 영적인 것만 추구하려는 경향이 있다. 그러나 영을 관리하듯 육도 관리해야 한다. 영이 약하면 육이 무너지지만, 육이 약해도 영이 무너지게 되어 있다. 마음으로는 하고자 하지만 육이 따라 주지 못하면 이룰 수 없는 것들이 있다. 몸이 힘들면 기도도 힘들지 않은가! 나는 이것을 깨닫게 된 이후로는 항상 균형을 잃지 않으려 노력하고 있다. 우리는 영과 육 모두를 지키는 파수꾼이 되어야 한다.

더러는 나에게 오지를 다니며 복음을 전하는 일이 두렵거나 힘들지 않느냐고 묻는다. 그리고 보면 얼마나 답 없는 인생인가. 무엇 하나 철저히 계획하거나 대비하는 법이 없다. 그러나 머리를 굴리면 복잡해질 일도 그냥 덮어놓고 순종하면 단순해진다. '진인사대천명'(盡人事待天命)이라고 했다. 사람에게 맡겨진 일을 다하고 하늘의 명령을 기다린다는 말이다. 나도 그렇다. 비록 육신의 연약함은 있겠으나 복음을 전하는 일은 하나님의 일이고 나는 종이니 그저 충성스럽게 따르기만 하면 되는 것이다. 하나님께서 내게 명하신 일을 끝내고 그저 그다음은 어떻게 이루실지 기대하며 기다린다. 그러면 다음 걸음을 인도하신다.

선교지에서 최선을 다해 복음을 전했다면 그다음의 결과는 주님께 올려드려야 한다. 열매가 얼마나 열렸는지 세는 것은 중요하지 않다. 선교사는 그저 씨를 뿌리는 자요, 그것을 자라게 하고 열매 맺게 하시는 분은 하나님이기 때문이다.

그러나 많은 사역자가 눈에 보이는 결과 때문에 일희일비하며, 좌절하고 낙심한다. 충분히 이해한다. 그것이 자신들이 쏟은 땀과 헌신의 결과라고 생각하기 때문이다. 그러나 우리가 잊지 말아야 할 것은 그 영혼을 구원하는 것은 하나님의 일이라는 사실이다. 우리는 하나님의 사역에 쓰임받는 자일 뿐이다.

혹시 사역을 한다고 하면서, 하나님의 영광을 위해 했다고 하면서 정작 모든 영광을 가로채고 있지는 않은가? 자신에게 솔직해져 보자. 지금 이 사역은 누가 하고 있는가? 은연중에 내가 한다고, 내가 애쓰고 있다고 생각하지는 않은가? 그렇다면 그것은 명성과 영광을 내가 얻고자 하는 행위다.

선교사의 삶에서 나를 내려놓고 그 자리에 주님의 마음을 채우고자 은혜를 구하는 일은 정말 중요하다. 그래서 나는 '무조건 순종, 무조건 신뢰, 무조건 감사'를 삶의 철칙으로 여긴다. 그래서 아무리 험한 곳이라도 내게 마음을 주셨으니 몇날 며칠이 걸려도 찾아가는 것이다. 젊은 선교사들은 "이제 험한 곳은 젊은이들에게 맡기고 힘들지 않은 곳, 안전한 곳으로 가는 것이 낫지 않겠느냐"고 말한다. 그러나 나는 오히려 "우리같이 자녀들을 다 키워 놓은 시니어 사역자들이 험한 곳, 거친 곳으로 앞장서서 가야한다"고 말한다. 주님의 사역에는 은퇴가 없다. 지금도 하나님의 사역으로 섬기고 있는 시니어 사역자라면 공감할 것이다.

하나님이 병든 자를 위해 기도하라고 하시니 나는 긍휼과 사랑의 마음으로 순종하며 기도한다. 그의 병이 나을 것인지 낫지 않을 것인지는 하나님 아버지의 소관이다. 그것은 내 영역이 아니다. 그러니 그 결과에 대해 내가 부담을 가질 필요가 없다. 이 진리가 우리를 얼마나 자유케 하는가! 다만 나는 하나님께 은혜를 구한다. 그 성령의 임재를 통하여 기적과 역사가 일어나기 때문이다. 하나님 아버지의 마음과 눈물이 있어야 진정한 변화가 시작되기에, 전적으로 성령께서 통치해 달라고 기도할 뿐이다.

어느 강단이든 말씀을 전하는 자리를 주실 때마다, 나는 '거친 복음을 전하는 자'라고 나를 소개한다. 주님도 거친 복음을 전했다. 사람들에게 듣기 좋은 소리만 한 게 아니었다. 예수 잘 믿으면 세상이 너희를 핍박한다고 말했다. 그런데 어떤 교회는 강단에서 복음 대신 '성공신화', '축복받는 비결'만 이야기한다. 그런 목회자를 만나면 가슴이 아프다. 언제까지 사람들이 듣고 싶어 하는, 듣기 좋은 이야기만 하고 있겠는가?

"주님을 사랑합니까?" 물으면 모두가 한목소리로 "아멘"을 외친다. "주님 한 분만으로 만족합니까?" 하고 물어도 역시 "아멘"으로 화답한다. 그러나 "하나님께서 물질을 다 내려놓으라고 하시면 그렇게 하겠습니까? 욥의 고난을 감당하라고 하시는데, 그래도 아멘입니까?" 하고 물으면, 여기엔 누구도 쉽게 아멘을 말하지 못한다. 이것이 우리의 믿음이다. 그러나 하나님은 우리를 욥의 지경까지 놔두지 않으신다. 우리를 향해 "너는 나를 향한 전적인 신뢰가 있는가?" 하고 물으신다.

어떻게 주님을 따르지 않을 수 있겠는가

 내 즐거움 중에 하나는 일상에서 하나님과 나누는 소소한 대화와 교제다. 내 마음속에 품은 것을 읽어 주시고 세심하게 살펴 주시는 것을 느낄 때마다 얼마나 행복한지 모른다. 누군가의 눈에는 별것 아닌 시시한 일처럼 보일 수도 있다. 그러나 내겐 아주 작은 것에도 귀 기울이시고 응답하시는 내 아버지 하나님을 만나는 기쁨이다.

 하루는 경기도 오산 근처에 약속이 있었다. 가는 길에 블루베리 농장이 있었는데, '1킬로그램에 만 원'이라는 푯말이 보였다. 그걸 보니 블루베리가 너무 먹고 싶어서 푯말에 적힌 농장 주인에게 전화를 걸었다. 그는 마침 밖에 볼일을 보러 나와 있어서 두 시간쯤 후에나 돌아온다고 했다. 그러나 약속 때문에 그 시간까지는 기다릴 수가 없었다. 아쉬운 마음을 뒤로하고 나는 곧바로 약속 장소로 향했다.

 그런데 약속한 점심 식사를 마칠 때쯤 서산에 있는 고 집사님에게서 문자 메시지가 왔다. 자신의 친정아버지가 블루베리 농사를 지었는데 그걸 좀 보내 주고 싶다는 내용이었다. 나는 그 문자를 받고는 웃음이 터져 나왔다. 저절로 "할렐루야"가 입 밖으로 나왔다. 블루베리를 못 먹게 되어 아쉬워하던 나를 하나님께서는 보고 계셨던 것이다. 그리고 내 아쉬움을 고 집사님을 통해 곧바로 달래 주셨다. 나는 선교지로 다시 떠날 때까지 블루베리를 원 없이 먹고 또 먹을 수 있었다.

또 한번은 겨울이었는데, 자정이 다 되어서야 사역을 마치고 집에 들어왔다. 설교하고 복음을 전하러 다니느라 늘 목이 아팠다. 생강을 꿀에 절여 먹으면 참 좋겠다는 생각이 들었지만 집에는 재료가 아무것도 없었다. 그런데 집 앞에 소포가 하나 와 있어 열어 보니 생강청이었다. 고 집사님이 내 생각이 났다면서 보내 주신 것이었다. 나는 그 생강청을 들고 한참이나 서 있었다. 가슴이 먹먹해졌다. 생강청 하나에 나를 사랑하시는 따뜻한 아버지의 마음이 고스란히 전해졌다. 그동안의 고생이 눈 녹듯이 사라지는 기분이었다. 아버지는 내가 생각하는 것조차도 듣고 계신다는 걸 느끼는 순간이었다.

선교지에 있다 보면 나에게 필요한 것이 무엇인지를 알고 미리 준비해 두시는 여호와이레의 하나님을 수없이 경험한다. 사역을 하는 동안에는 모르다가 일이 끝나고 집에 돌아오면 긴장이 풀려서인지 몸이 여기저기 아플 때가 많다. 한번은 선교를 마치고 미국 LA에 잠시 머물렀을 때였다. 안식월이라 나는 한 달만이라도 조용히 주님과 기도하며 있고 싶었는데, 아는 집사님이 마침 자신의 집이 비어 있으니 마음껏 머물다 가라며 흔쾌히 내어 주셨다. 덕분에 나는 혼자 그 집에서 40일 기도를 할 수 있었다. 그런데 얼마 지나지 않아 다리에 염증이 생기고 아프기 시작했다. 어느 병원, 어느 과에 가야 하는지도 몰랐고, 보험도 없었기에 병원에 갈 수 있는 상황 자체가 아니었다. 어떻게 해야 하나 고민하고 있는데 같은 교회에 다니던 의사인 한 집사님이 자신의 후배가 피부과 의사이니 그를 만나 보라고 했다. 마침 2부 예배에 참석하기 위해 교회로 온다는 것이다. 나는 너무도 감사했지만, 한편으로는 진료를 보고 싶은 부분이 허벅지 쪽이라 그 후배 의사가 남자면 어쩌나 내심 걱정이 되었다. 헌데 직접 만난 닥터 임은 다행히도 여성 피부과 전문의였다. 교회 화장실에서 옷을 벗고 아픈 곳을 보여 주는데, 내 부끄러운 마음까지 세심하게 살펴 주시는 하나님, 참으로 인격적인 하나님이란 생각에 왈칵 눈물이 쏟아졌다. 닥터 임은 내가 갑자기 눈물을 흘리니 아파서 그러는 줄 알고 나를 꼭 안아 주며 기도해 주었다.

닥터 임이 잠시 내 다리 상태를 살펴보더니 당장 병원에 가야 하는 상황이라고 했다. 그 이야기를 듣고 한 집사님은 급히 나를 자신이 근무하는 종합병원으로 데리고 가 직접 수술까지 해 주셨다. 나는 뒷일이 무척 걱정이 되었다. 한 집사님은 그런 내 마음을 알았는지 "내가 다 알아서 처리할 테니 걱정하지 마세요" 하고 말해 주었다. 한 집사님께 정말 감사했다.

그리고 하필 그날은 주일이었다. 약국들이 다 문을 닫아 처방받은 약을 살 수가 없었다. 그런데 마침 A국 선교사님 중에 암 수술을 한 뒤 미국에서 투병 생활을 하던 이 선교사님이 자신에게 내가 처방받았던 그 항생제가 있다면서 연락을 주었다. 나는 얼른 그분에게 가서 약을 받아다가 급한 대로 먹고 다음 날 약국에서 약을 구할 수 있었다.

이렇게 모든 것이 순적하게 이루어지는 것을 보면서 나는 너무도 감사하고 놀라웠다. 더욱이 닥터 임이 1년간 연수를 위해 얻어 놓은 집이 알고 보니 내가 머물고 있는 숙소와 불과 5분 거리에 있었다. 수술 부위를 살펴봐 줄 테니 당분간 자신의 집에 매일 와서 치료를 받으라고 했다. 그가 아니었으면 매일 고속도로를 40분이나 타고 병원까지 가야 했다. 그의 정성어린 치료를 받은 뒤에 나는 다시 건강한 몸으로 선교지에 나갈 수 있었다. 지금까지도 나를 치료해 주는 고마운 분이다.

내 삶의 여정에서 주님이 보내신 사람들, 도움의 손길들을 만날 때마다 나를 눈동자처럼 보고 계시는 하나님을 경험한다. 그러니 내가 어떻게 주님을 따르지 않을 수 있겠는가!

사람마다 각각 자신의 하나님을 만난다. 나에게 드러내신 하나님의 모습은 사랑하는 딸의 마음을 살갑게 살피시고, 일상을 함께 공유하며, 작은 음성에도 응답하여 주시는 세밀하고도 따뜻한 아버지셨다. 그러기에 하나님과의 동행은 매일 다음 회를 궁금하게 만드는 일일드라마와도 같았다. 남들은 큰 은혜, 큰 기적을 바라보고 있을지 모르겠지만, 나는 이렇게 하나님과 나누는 작고 소소한 일상의 교제가 더 없이 즐겁고 소중하다.

Part 2.

복음을

포기할 곳은

그 어디에도

없다

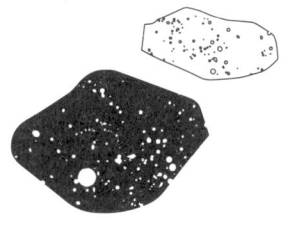

하나님의 영적 전쟁, 그 역사의 현장에 서다

    2014년 우리는 드디어 A국에 들어갔다. 그동안 A국에 가기 위해 여러 방면으로 애썼지만 비자를 받지 못해 몇 년을 기다리던 중이었다. 그런데 차마고도에서 사역하고 있던 나에게 이제 A국으로 들어가라고 하나님께서 말씀하셨다. 나는 즉각적으로 순종했다.

    A국과의 인연은 이미 오래전부터 시작되었다. 한국에서 목회를 시작한 지 몇 달 후쯤이었다. 하나님이 선교에 대한 마음을 강력히 부어 주셔서 우리 교회는 선교하는 교회가 되기로 선포했다. 그리고 10월이 되었을 무렵, 나는 내년에는 무엇을 할지 하나님께 물었다. 그때 하나님께서는 A국에 교회를 세우라고 말씀하셨다. 우리도 개척교회라 해외 선교를 하기에는 어려움이 있었다. 하지만 하나님이 하시는 걸 보자고 마음을 먹고, 교회 재정에서 십일조를 떼어 선교 계좌를 만들었다.

    며칠 후, 당시 순회 선교사로 있던 박 선교사님이 우리 교회에 설교를 하러 오셨다가 나에게 100만 원이 들어 있는 봉투를 내밀며 "하나님이 주라고 해서 전하는 거니 필요한 데 쓰세요" 했다. 나는 이 돈을 어떻게 써야 하나 고민하다가, 갑자기 이 돈에 의미가 있다는 생각이 들었다. 사실 교회나 성도가 선교사님에게 헌금하는 일은 많지만, 선교사가 와서 돈을 주고 가는 일은 드물지 않은가? 하나님께서는 이 일을 통해 우리에게 확증을 하시고 선교의 문을 열어 주시고자 한 것이다.

정말로 이듬해인 2007년도에 A국에 교회가 세워졌다. 성도들은 이 교회로 단기선교를 떠났고, 선교를 통해 더욱 하나님의 뜻을 따르는 신앙인으로 성장했다. 주님이 이 땅에 오신 것은 전도를 위해서였다. 십자가의 본질은 영혼 구원이다. 이 땅에 교회가 세워진 이유가 바로 이것이다. 진정한 부흥은 한 영혼 한 영혼이 주님의 제자로서 선교의 사명을 사는 것이다.

사실 당시에는 왜 하필 A국이어야 했는지 몰랐다. 10여 년이 지난 지금 돌아보니 이전의 우리 사역은 이곳으로 보내시기 위한 전초기지로서의 작업이었다는 것을 알게 되었다. 한국에서 사역할 때만 해도 우리가 선교사로 나갈 것이라고는 전혀 생각하지 못했는데, 하나님은 그때부터 계획하고 준비하셨던 것이다. 그러니 우리가 앞장설 필요가 없다. 주님보다 앞장서는 것도 불순종이요, 뒤처지는 것도 불순종이다. 그저 한 발 한 발 겸손과 순종으로 주님의 걸음을 따라가야 하는 것이다.

A국은 국민의 97퍼센트 이상이 불교인 나라다. 동남아시아 지역 대부분이 불교 국가이긴 하지만 그중에서도 이곳이 제일 굳건히 불교

를 고수하고 있다. 또한 A국은 오랫동안 군사정권 아래 있었던 나라로, 동남아시아에서 가장 늦게 개방이 되었다. 외부에 문을 연 지는 불과 4~5년밖에 되지 않는다. 우리가 A국에 들어간 것도 문호가 개방될 무렵이었다. 그러나 지금 A국은 각국에서 투자자들이 많이 들어와 경제적으로 급성장을 이루고 있다. 1년에 경제성장률이 7퍼센트 이상이나 된다. 때문에 비즈니스를 위해 이 나라에 들어오는 사람들이 꽤나 많아졌다.

선교적인 입장에서도 A국은 매우 중요한 위치에 있는 나라다. 하나님의 일꾼들을 잘 훈련하여 파송한다면 아시아의 여러 나라에 복음을 효과적으로 전할 수 있을 것이다. 하지만 아직 이 나라는 외국인이 공식적으로 선교 활동을 하지 못하게 되어 있다. 그래서 늘 추방당할 위험을 감수하며 복음을 전하고 있다.

주님께서는 나에게 "너는 가서 복음을 전하라. 아버지와 아들과 성령의 이름으로 세례를 주고, 제자를 삼아, 가르쳐 지켜 행하게 하라"고 명령하시며 A국으로 인도하셨다. 이 나라에 처음 들어갔을 때, 내가 만난 사람들의 첫인상은 너무도 순수했다. 다만 경제적 어려움을 겪다 보니 삶의 형편들은 다들 녹록지 않았다. 1톤 용달차에 수십 명의 사람들이 지붕에까지 매달려서 이동하곤 했다. 그 모습은 신기할 정도였다. 다른 나라에서 폐차 직전의 차를 들여와 택시로 운영했는데, 자리에 앉으면 바닥으로 땅이 훤히 다 보일 정도였다. 그러다 보니 택시를 타고 달리는 내내 먼지가 아래에서부터 올라와 차 안을 희뿌옇게 만들었다. 마치 우리나라 한국전쟁 이후의 모습을 보는 것만 같았다.

나는 왠지 이들을 보면서 정감이 갔고, 얼굴을 볼 때마다 사랑이 싹 트고 자라났다. 이들의 가슴마다 그리스도를 심어 주고 싶은 소망이 날마다 불끈불끈 샘솟았다. 여러 나라의 지배 아래 있던 지난 과거 때문에 마음에 상처들이 있지만, 한류의 영향 때문인지 한국인에 대한 인식은 좋은 편이었다. 내가 한국에서 왔다고 하면 다들 반갑게 대해 주었다.

그러나 이곳에 발을 디디면서부터 나는 영적 공격이 시작되었음을 직감했다. 도착한 첫날 잠을 자는데, 캄캄한 중에 수상한 형체가 나에게 다가왔다. 자세히 보니 사자인지 호랑이인지 모를 해태 같은 동물의 형상이었다. 나는 나사렛 예수의 이름으로 물러가라고 외쳤다. 그러자 형체가 눈앞에서 서서히 사라졌다. 이런 꿈은 매일 새벽 3~4시쯤마다 계속됐다.

얼마 후 A국 D지역의 제일 큰 불교 사원에 들렀다. 전체가 황금으로 뒤덮여 있고, 안으로 들어가 보니 동물 형상을 한 것들이 절을 쭉 둘러싸고 있었다. 사자 같기도 하고 호랑이 같기도 했다. 나는 그것을 자세히 들여다보고는 깜짝 놀랐다. 꿈에서 봤던 그 형상이었다!

영적 공격은 이뿐만이 아니었다. A국은 유독 물이 많은 나라로, 매년 4월이면 전국 곳곳에서 사람들이 모여 서로 물을 뿌리며 복 받기를 기원하는 물 축제를 벌인다.

한번은 예배를 마치고 나왔는데, 한국에 있는 남편에게서 급히 전화를 달라는 메시지가 와 있었다. 나는 무슨 일인가 싶어 전화를 해 보았다. 집에 있는 수도가 동파가 되어 그 물이 벽을 타고 흘러 집안에 벽지가 다 젖었다는 것이다. 그 바람에 벽에 걸어 놓은 겟세마네의 기도 그림이 바닥에 나뒹굴었다고 했다. 더 기가 막힌 것은 그 전날엔 정수기가 갑자기 터져서 온 집안이 한강이 되었다고 했다. 할 수 없이 남편과 아들은 찜질방에서 지내고 있었다. 내가 A국에서 사역을 하는 동안 한국에서는 내 가족이 이렇게 물로 공격을 받았다.

 남편의 말을 듣는 순간 나는 전투력이 상승했다. 이제부터 시작이라는 생각이 들었다. 사탄은 영적 공격을 퍼붓지만, 나를 이곳으로 보내신 하나님께서 이 땅에서 이루어 가실 일들이 너무도 기대가 되었다. 더욱 감사한 것은 바로 그 생생한 역사의 현장에 내가 서 있다는 사실이었다.

A국의 학생들은 삶 전체를 걸고 M학교에 온다

우리 부부는 A국에 온 2014년부터 곳곳을 다니며 사역자를 키우는 일을 했다. 세계 각지를 다녀 보니 제자 삼는 것은 분명한 주님의 명령이라는 것을 깨달았기 때문이다. 특별히 현지 사역자들을 기르는 것이 선교를 위해 반드시 해야 할 일이라는 것을 누구보다 절감하고 있었다. 선교사는 비자 문제도 있고, 추방당할 수도 있으며, 또 언제든 하나님이 부르시면 떠나야 한다. 그러니 선교사가 떠난 이후 그 나라에서 자신들의 민족을 끝까지 책임질 하나님의 일꾼들이 필요한 것이다.

남편과 나는 그동안 대학에서 오랫동안 학생들을 가르쳐 왔기 때문에 하나님께서는 이곳에서도 가르치는 일을 먼저 시작하게 하셨다. 그리고 이왕 제자 삼는 일을 한다면 제대로 길러 보자는 마음에 학교를 생각하게 되었다. 단 몇 명이라 할지라도 시작부터 학교 시스템으로 운영하기로 하고, A국의 거룩한 사역자들을 키우는 M학교(대학과정)를

D지역 인근에 세웠다.

첫 강의를 시작했을 때 모인 인원은 열다섯 명 정도였다. 가정집을 빌려 수업을 시작했는데 점점 학생 수가 많아졌다. 다섯 번의 이사 끝에 지금은 한 교회를 빌려 교실로 사용하고 있다. 현재 M학교는 전국에서 약 90여 명이 넘는 학생들이 모여 신학을 배우고 있다. 우리 부부의 모든 인맥을 동원해 각 신학교의 권위 있는 교수들을 모셨고, 그분들은 기꺼이 헌신하는 마음으로 오셔서 계절학기 강의를 해 주셨다. A국의 작은 학교에서 매번 수준 높은 강의가 이루어지는 것도 놀라운 은혜다.

이곳 학생들의 사정과 형편을 아는지라 우리는 등록금을 받지 않는다. 그리고 학교에서 숙식을 다 해결할 수 있도록 해 주고 있다. 그런데도 학교까지 오는 교통비가 없어서 오지 못하는 학생들이 있다. 그들이 사는 곳에서 학교까지 오려면 먼 곳은 한국 돈으로 최소 7만 원 정도의 교통비가 드는데, 이들에게 그 정도 돈은 거의 한 달 생활비이기 때문이다. 하여 이들이 학교에 온다는 것은 자신들의 삶 전체를 거는 일이다.

A국은 몇 년 전만 해도 초등학교에 종이가 없어서 시험을 치르지 못할 정도로 가난했다. 공부를 하고 싶어도 상황이 녹록지 않았다. 주변에 학교가 없어 10리 길을 걸어 다니는 형편이었다. 그러다 보니 학교를 운영하려면 날마다 하나님께 매달릴 수밖에 없었다. "아버지, 이번 달에는 이만큼이 필요해요" 하며 장부를 내놓고 기다렸다. 그러면 또 그만큼은 채워 주셨다. 그래서 아버지를 신뢰할 수밖에 없도록 만드셨다.

나는 이 제자들에게 무엇이 필요할까, 어떤 걸 해줄 수 있을까 생각하며 늘 눈을 부릅뜨고 살펴본다. 내게 큰돈이 있어서가 아니다. 수년 동안 가족처럼 함께 지내면서 이들을 사랑하게 되었다. 처음엔 하나님의 마음으로 사랑하게 되었다면, 지금은 정말로 육신의 부모처럼 사랑하는 마음이 생긴 것이다. 자식을 지켜보면서 '이걸 좀 챙겨 줘야지', '때가 되면 저걸 해 줘야지' 하는 마음과 같다. 분명 하나님도 우릴 보며 이런 마음을 갖고 계실 것이다. 내가 바라는 것은 그들이 스스로 자신들의 민족을 향해 나아갈 수 있도록 하는 것이다. 나는 이 제자들을 볼 때마다 가슴이 뛴다. 우리나라도 60~70년대에는 가난한 성도들이 모여 변변한 교회 성전도 없이 천막에 박스를 깔고 앉아서 예배를 드렸다. 예배에 대한 목마름이 있었고, 하나님을 향한 뜨거움이 있었다. 이 학생들의 가슴과 눈빛에는 그 시절의 우리처럼 열정으로 가득 차 있다.

우리도 배고플 때는 물로 배를 채우면서 하나님께 부르짖지 않았는가! 지금은 배가 부르니 부르짖지 않는다. 절박함이 사라졌다. 다른 할 것들이 많으니 하나님을 바라볼 시간이 없어졌다. 인터넷을 뒤지면 웬만한 자료는 다 나오는 세상이니 무릎을 꿇지 않아도 사역을 하는 시대가 되었다. 그런 만큼 성령의 역사도 줄어들었다. 그 사실을 인식해야 한다.

나는 이곳에 있으면서 그 시절 대한민국의 믿음과 열정을 다시 배우고 있다. 신앙의 1세대들이 하나님 앞에서 울지 않았더라면 우리가 어떤 모습으로 살았겠는가. 나는 A국에서, 그리고 이 제자들을 통해서 오직 하나님만을 바라는 그 뜨거운 믿음의 삶을 다시 꿈꾸고 있다.

 ## 복음 때문에 기꺼이 힘들고 고단한 삶을 선택했다

　M학교가 세워지고 4년 만에 처음으로 네 명의 학생이 졸업을 했다. 그리고 다음 해에는 감사하게도 스물여섯 명의 졸업생이 배출되었다. 이곳에서 배우고 훈련받은 학생들은 다시 여러 지역으로 흩어져 복음을 전하며 제자 삼는 사역을 감당하고 있다.

　대부분 사역자들이 교회 사역만 생각하기 마련인데, 우리 학교는 그렇지 않다. 먹고 살기 위해 천막을 만들면서 복음을 전했던 바울의 삶을 살도록 하고 있다. 주의 종이 일하는 것은 부끄러운 일이 아니다. 주의 종이 일을 하지 않아서 가족이 굶는 것이 부끄러운 일이다. 예수님도 목수의 일을 감당하셨다. 그것이 업이 되면 안 되겠지만 생계의 유지를 위해서라면 얼마든지 할 수 있다.

　또 주의 종이라고 해서 무조건 대접만 받는 것은 마땅하지 않다. 나는 누군가에게 대접을 받으면 그에게 라면이라도 대접한다. 사랑의 빚을 서로 나눠 갖는 것이다.

또한 자기 환경에 맞게 은사대로 사역하도록 돕는다. 한국 교회는 40세가 넘은 부목사를 부담스러워한다. 그래서 나이가 차면 이런 저런 눈치를 보다 할 수 없이 개척을 하는 경우가 많다. 그런데 미국은 그렇지 않다. 나이보다는 은사대로 끝까지 사역할 수 있다. 그래서 나는 A국에서도 은사대로, 형편대로 사역할 수 있도록 하고 있다. 어떤 졸업생은 자기 고향으로 돌아가 교회를 개척하기도 하고, 각 대학을 다니며 캠퍼스 사역을 하기도 한다. 난민촌을 돌보거나, 병원 임상 사역, 어린이나 여성 사역을 전문적으로 하는 졸업생도 있다.

이렇게 졸업생들은 저마다의 사역지에서 복음을 전하는 소식을 종종 알려 온다. 그런데 얼마 전 A국 E지역에 세운 교회에 군인들이 와서 십자가를 떼어 내고 기물을 부수기도 했다는 소식을 들었다. 사역자들의 손발을 묶어 놓고 그들이 보는 앞에서 십자가를 때려 부쉈다는 것이다. 그밖에도 이 지역에 있는 52개의 교회들을 다 폐쇄하고 마흔한 명의 사역자와 백이십여 명의 성도들을 모두 투옥시키는 일도 일어났다. 책임을 맡은 두 명의 사역자들은 동네 사람들과 승려들에게 폭행을 당해 두 눈과 얼굴에 심각한 부상을 입기도 했다. 목숨을 잃은 교인들도 있었다. 그러나 그리스도인들은 마을 땅을 밟지도 못하게 하여 교인들의 시신을 강가로 메고 가 장례를 치르기도 했다.

A국에는 아직도 이렇게 기독교를 핍박하고 강력하게 대응하는 지역이 너무도 많다. 제자들과 함께 눈물로 지은 교회인데 이런 소식을 들을

때마다 마음이 너무나도 아프다.

　최근에는 A국 F지역에서 소수민족이 독립을 요구하며 전쟁을 벌여, 그곳 아이들과 사람들이 갑작스럽게 피난을 가야만 했다. 그동안 자신들이 일구어 놓은 삶의 터전을 그대로 둔 채 황급히 도망치는 모습을 제자 중 한 명이 영상으로 찍어서 보내 왔다. 영상 속 그들은 얼마나 다급했는지 제대로 챙겨 입지도 못하고, 짐도 없이 아이들과 몸만 빠져나가고 있었다. 그들의 발걸음을 보며 안타까움에 눈물이 쉴 새 없이 흘렀다. 그곳에 우리 M학교 제자들이 다섯 명 정도가 있었다.

　이렇게 고향으로 돌아가면 자신들에게 닥쳐올 고난이 어떤 것인 줄 뻔히 알면서도 제자들은 멈추지 않고 나아간다. 복음을 위해 자신들이 마주한 현실 앞에서 도망치지 않으며, 오히려 더 어렵고 힘든 곳으로 나간다.

　매를 맞고 핍박을 당하면서도 다시 그곳으로 들어가는 제자들을 볼 때면 가슴이 아프고 눈물이 쏟아진다. 2천 년 전 핍박 속에서도 복음을 전하던 주님의 제자들이 떠오른다. 그 사도행전의 모습을 지금 A국에서 그대로 보고 있는 것만 같다. 이들은 예수 그리스도를 위해 기꺼이 고난을 받고자 결심했다. 그래서 스스로 이 힘들고 고단한 삶을 선택한 것이다.

　그러니 나는 이들을 만날 때마다 어떻게 하면 더 품어 줄 수 있을까, 어떻게 하면 더 맛있는 것으로 배불리 먹여 줄 수 있을까 고민하게 된다. 이 영적 싸움에서 위축되고 상처받은 제자들에게 내가 할 수 있는 것은 먹이고, 위로하며, 같이 기도하면서 온 힘을 다해 사랑하는 일이다. '너는 결코 혼자가 아니다'라는 것을 보여 주는 것이다.

고통 속에서도 기뻐 뛸 수 있는 것이 제자의 삶이다

존의 죽은 소가 살아나다

A국은 120개가 넘는 소수민족이 있는데, 그중에 70퍼센트가 G민족이다. 왕족이었던 이 민족은 자기 종족에 대한 자부심이 커서 복음 전하기가 더 어렵다. 'G민족에게 복음을 전하는 것은 호랑이의 어금니를 빼는 일이다'라고 표현할 정도다. 그런데 신기하게도 M학교 학생 중에는 G민족이 서른 명이 넘는다. 그런 걸 보면 우리 학생들을 통해 G민족에게 복음의 빛을 비추시기 위해 준비하고 계심이 느껴진다.

특별히 A국의 H지역에는 대부분 G민족들이 모여 살고 있다. 몇 년 전 이슬람 교도들이 그곳에 포교 활동을 하러 들어갔다가 마을 사람들에게 몽둥이로 흠씬 두들겨 맞고 쫓겨난 일이 있었다. 불교가 아주 강하고 과격하여 복음을 전하는 데 그만큼 어렵고 위험한 지역이다.

M학교 제자 존은 그 위험한 H지역에서 사역을 하고 있다. 그는 G민

족으로, H지역에서 태어났고 대학을 졸업한 엘리트 군인 출신이다. 그가 처음 하나님을 믿게 된 것은 라디오 방송을 통해서였다. 인근 나라에서 하는 기독교 방송이 우연히 라디오에 잡혔는데, 호기심으로 듣게 되었다는 것이다. 그런데 들을수록 자꾸만 궁금한 것이 생겼다고 한다. 때마침 M학교의 졸업생을 만나 제자훈련을 받게 되면서 우리 신학교까지 오게 되었다.

A국은 군사정권이 지배하고 있기 때문에 군인이 되면 평생을 보장받을 수 있다. 그러나 존은 그 안정된 군인의 신분을 던져 버렸다. 대신 예수님의 제자로 사는 삶을 선택했다. 믿음으로 사역자의 길을 결정했지만, 안타깝게도 불교도였던 존의 아내는 아이를 데리고 집을 나가 버렸다. 게다가 그가 군인이었을 때는 꼼짝도 못 하던 동네 사람들이 이제는 집까지 찾아와서 그에게 돌을 던지고 욕을 하며 그를 핍박했다. 그럼에도 그는 예전의 삶으로 돌아가지 않았고, 복음 전하는 일을 결코 멈추지 않았다.

어느 날 H지역에 전염병이 돌면서 집집마다 소가 연달아 죽는 일이 생겼다. 존의 소도 전염병 앞에 별수가 없었다. 그때 마을에 파견된 수의사는 존의 소가 죽었다고 판정했다. 가난했던 존은 그야말로 하늘이 무너지는 것 같았다. 낙심이 된 그는 하나님께 간절히 기도했다.

"하나님, 이 소 한 마리는 저의 전 재산입니다. 이 소를 가지고 농사를 지으며 복음을 전하고 살아야 하는데, 그런 소가 죽으면 저는 어떻게 살아야 하나요? 죽은 자도 살리시는 하나님. 제발 우리 소를 살려 주셔서 하나님의 살아 계심을 증거해 주세요."

그렇게 존은 쓰러져 있는 소를 앞에 두고 몇 시간 동안 하나님께 간절히 기도 드렸다. 그런데 이게 웬일인가! 놀랍게도 죽었다던 소가 다시 살아났다. 하나님은 그의 간절한 기도에 응답해 주셨다. 존은 다시 일어선 소를 보며 기뻐 뛰며 살아 계신 하나님을 찬양했다.

존의 소가 다시 살아났다는 소식을 듣고 찾아온 수의사는 눈앞에 펼쳐진 기적을 보고 놀라워했다. 이 소식은 금세 온 마을에 퍼졌다. 그날 이후로 동네 사람들은 개가 아파도 존을 부르고, 닭이 아파도 그에게 와서 기도해 달라고 요청하는 웃긴 상황들이 벌어졌다.

그 사건 이후로 마을에서는 존을 '예수'라고 불렀다. 그가 지나가면 "저기 예수가 간다"고 하면서 사람들이 반응하기 시작했다. 하나님은 그 거칠고 험한 동네 사람들의 입을 통해 스스로 예수의 이름을 부르게 하셨다. 그렇게 그 마을에는 자연스럽게 예수의 이름이 전파되었다.

나는 존의 이야기를 들었을 때 너무도 감사했다. 하나님께서는 이런 기적들을 아픔과 눈물이 있는 현장에서 위로처럼 선물해 주신 것이다. 요즘도 나는 종종 존이 가축들에게 안수하는 소식과 재미있는 전도 사진을 받아 본다.

H지역에서 하나님과 연합작전을 펼치다

작년 9월, 존의 마을에서 열한 명이 세례를 받았다. 마침 M학교에는 졸업식을 섬기기 위해 한국에서 일행이 와 있었다. 나는 그들과 함께 세례식을 위해 H지역으로 갔다.

존은 군인 시절부터 소유했던 집을 교회로 사용하고 있었다. 그리고 한쪽에는 세 가족이 모기장으로 구역을 나눠 옹기종기 살고 있었다. 자신의 집을 예배처로, 또 사람들이 지낼 수 있는 안식처로 내놓은 것이다.

안으로 들어가 보니 세례를 받기 위해 사람들이 모여 있었다. 다들 잔뜩 긴장한 얼굴로 바깥을 힐끔거리며 경계하는 눈빛으로 보고 있었다. 혹시라도 마을 사람들이 쳐들어와서 행패를 부릴까, 몰매를 맞게 될까 두려워하는 것이었다. 우리는 주님께서 보호해 주시기를 기도하며 예배를 드리기 시작했다.

한국에서 온 일행 중에 팝페라 가수인 김선희 자매가 현지어로 찬양 "약할 때 강함되시네"를 불러 주었다. 그리고 이어서 색소폰 연주자인 박광식 형제가 주기도문 찬양을 은혜 가운데 연주했다. 찬양이 흐르자 불안해하며 경직되어 있던 사람들의 얼굴이 조금씩 밝아지기 시작했다. 사실 그 찬양과 연주 소리가 결코 작지 않았다. 조용한 시골 마을에 그 소리가 울려 퍼지면 사람들에게 금세 알려지는 것은 당연했고, 우리 모두가 위험에 처할 수도 있는 상황이었다. 그러나 하나님께서는 예배가 끝날 때까지 아무 일 없이 우리를 안전하게 지켜 주셨다.

나는 이날 모인 사람들을 향해 강력하게 선포했다.

"가족이 여러분을 호적에서 빼 버리려고 할 수도 있고, '너는 내 자식이 아니다'라는 말을 들을 수도 있습니다. 가족이 여러분에게 등을 돌릴 수도 있습니다. 또 여러분은 예수님을 믿는다는 이유로 몰매를 맞게 될 수도 있습니다. 직장을 잃을 수도 있습니다. 그러나 걱정하지 마십시오. 하나님이 여러분과 함께하십니다. 오히려 그런 일들 속에서 여러분이 하나님의 자녀라는 것을 더 분명하게 확증시켜 주실 것입니다. 하나님은 여러분을 혼자 있게 내버려두지 않으시고 절대 외롭게 하지 않으실 것입니다. '내가 너와 항상 함께하리라'는 말씀의 약속대로 하나님께서는 반드시 여러분과 함께하시며, 힘주시고 도우실 것입니다. 그러니 앞으로 닥칠 고난 때문에 두려워하지 마십시오. 하나님께서는 여러분을 강하고 담대하게 하셔서 예수님의 승리가 바로 여러분의 승리가 되게 하실 것입니다."

그들은 이내 두려움이 사라진 목소리로, 내가 외치는 선포마다 크게 아멘을 외쳤다.

예배를 마친 뒤 우리는 세례식을 위해 강가로 갔다. 물이 허리까지 차올랐다. 물뱀들이 돌아다니고 진흙 바닥에 발이 푹푹 빠졌지만 나는 담대하게 강으로 걸어 들어갔다.

이날 세례를 받기 위해 모인 사람들은 20대부터 40대까지 주로 젊은 남자들이었다. G민족의 남자들이 세례를 받는다는 것은 참으로 놀라운 일이다. 게다가 강은 지나가는 사람들이 다 볼 수 있는 곳이라 더 두려울 법도 한데 이들은 어느새 담대해져 있었다.

나는 물속에 서서 각자에게 다시 믿음을 확인하며 물었다.

"예수 그리스도가 하나님의 아들이시고 당신의 죄 때문에 십자가에서 죽으신 것을 믿습니까?"

"아멘!"

"예수 그리스도가 3일 만에 부활하셨고 다시 오실 것을 믿습니까?"

"아멘!"

"당신은 죄인인 것을 회개하고 예수 그리스도를 구주로 영접합니까?"

"아멘!"

"이 세례를 받으면 당신은 그리스도와 함께 십자가에 장사되었고, 이제 그리스도를 위하여 살게 되는 것입니다. 이것을 결단하십니까?"

물속에서 이들은 더욱 확신에 찬 목소리로 눈물을 흘리며 대답했다.

"아멘! 아멘! 아멘!"

"아버지와 아들과 성령의 이름으로 세례를 주노라!"

세례를 받는 사람도, 지켜보던 사람도 모두 감동의 눈물을 흘렸다.

H지역에서 드렸던 예배와 세례식은 하나님의 뜻을 이루기 위한 연

합작전이었다. 하나님께서는 우리를 보호하시기 위해 준비된 사람을 붙여 주셨다. 그 사람은 여리고성에서 이스라엘 정탐꾼을 숨겨 준 라합처럼, 처음부터 끝까지 밖에서 망을 보며 마을 입구를 막아 우리가 안전하게 마을을 빠져나갈 수 있도록 도와주었다. 세례식을 마치자마자 우리는 물이 뚝뚝 떨어지는 젖은 옷을 입은 채로 빠르게 그곳을 벗어났고, 다른 지역으로 넘어간 뒤에야 안도의 숨을 쉬었다. 그곳을 벗어나기까지 우리 모두를 눈동자처럼 보호해 주신 하나님께 감사와 영광을 올려 드렸다.

그날 나는 숙소로 돌아와 화장실 바닥에 앉아 칫솔로 발톱을 닦아야 했다. 발톱 사이마다 들어간 강바닥의 시커먼 진흙은 좀처럼 빠지지 않았다. 일주일 동안 시간과 공을 들여 매일 발가락을 닦아야 했다. 그러나 그때마다 그날의 세례식을 떠올리며 감사와 찬양이 흘러나왔다.

나는 그곳을 떠나는 날 존에게 말해 주었다. "성경에서는 예수님이 하나님의 아들인데도 핍박을 받았고, 그 고난은 사도 바울도 겪었던 일이다. 지금 겪고 있는 고난은 하나님의 사람이라는 분명한 증거이니 함께 견뎌 보자"고 말이다. 예수님도 존을 응원하며 힘내자고 외치고 계시지 않을까?

'내가 너와 함께하노라' 하는 하나님의 말씀은 두렵고 고단하며 힘겨운 싸움을 하고 있는 우리에게 주시는 하나님의 가장 큰 위로이다.

복음을 위해
할 수 있는 일은
얼마든지 있다

전쟁은 분명 하나님의 승리로 끝난다

M학교 제자 안드레는 F지역에서 가정교회를 개척하여 섬기고 있다. F지역은 A국 안에서도 강성 지역으로 유명하다. 그들은 정부에 독립을 요구하면서 군대를 따로 가지고 있을 정도로 힘이 있다. 특히 석가모니가 제일 먼저 불교를 들여온 지역이기도 하다. 그래서 A국에서 불교 색이 가장 짙은 곳이라고 할 수 있다.

이런 지역에서 안드레는 복음을 전하고 있다. F지역에서 M학교까지 오려면 버스를 타고 스무 시간이 넘게 걸린다. 그런데도 그는 학교를 다니는 동안 한 번도 결석하지 않은 성실한 학생이었다. 모태신앙인 아내를 통해 하나님을 믿게 된 그는 아내의 적극적인 후원으로 M학교에 다닐 수 있었다.

어느 날 안드레는 40가구 정도가 살고 있는 한 마을에 복음을 전하기 위해 동역자와 함께 들어갔다. 그는 M학교에서 배운 대로 사람들이 많이 다니는 거리 한쪽에 서서 복음을 전하기 시작했다. 마을 사람들은 그를 발견하고 웅성거리며 모여들었다.

그때 저 멀리서 한 사람이 큰 칼을 들고 갑자기 안드레에게 달려들었다. 감히 여기가 어딘데 함부로 와서 예수를 전하는 것이냐며 안드레를 죽이겠다고 난리를 피웠다. 그 모습을 본 사람들은 두려워서 사방으로 피했다. 안드레도 순간 놀라 어떻게 대처해야 할지 고민이 되었다. 도망갈까? 아니면 싸울까? 돌을 집어서 던질까? 수많은 생각이 그의 머릿속을 스치고 지나갔다. 그때 하나님은 안드레에게 이 말씀을 주셨다.

너희는 이 큰 무리로 말미암아 두려워하거나 놀라지 말라 이 전쟁은 너희에게 속한 것이 아니요 하나님께 속한 것이니라 **대하 20:15**

그는 이 전쟁을 하나님께 맡기고 달려오는 그 사람을 똑바로 바라보았다. 그런데 그 순간 칼을 들고 달려오던 사람이 안드레가 서 있는 곳 앞에서 확 꼬꾸라지는 것이 아닌가. 마치 누군가 일부러 발을 걸어 넘어뜨린 것처럼 그는 안드레의 발 앞에 엎드러졌다. 영문도 모르고 넘어진 그 사람은 두려움을 느꼈는지 기겁을 하고 뒤로 벌벌 기어 도망치려고 했다. 이제는 상황이 역전되어 안드레가 그를 발로 밟을 수 있는 상황이 되었다. 그러나 안드레는 그를 조금도 해치지 않고 그가 제 발로 도망갈 수 있도록 기다려 주었다.

도대체 이게 무슨 일인가? 곳곳에서 탄성이 터졌다. 보고도 믿기지 않는 상황에 구경하던 사람들은 다들 입을 벌리고 감탄할 뿐이었다. 주위에 모여 있던 수많은 사람이 이 상황의 목격자였다. 하나님이 하셨다는 것을 느낀 순간 안드레는 더욱 담대해져 그 자리에서 끝까지 복음을 전할 수 있었다.

그날의 일을 통해 안드레는 주의 말씀을 전하는 일에 큰 용기를 얻었다. 어떤 상황에서도 우리를 온전히 보호하시는 하나님, 영광 받을 수밖에 없는 하나님을 더욱 확실하게 믿게 되었다. 전쟁은 하나님께 속한 것이며, 분명 하나님의 승리로 끝날 것임을 알게 된 것이다.

그날 현장에 있었던 사람들 중 두 명이 복음을 듣고 주님을 영접하였으며, 그들을 통하여 마을에 가정 교회가 세워졌다.

주님께서 나를 뛰어넘어 이루신다

어느 날 아침, 안드레는 기도 중에 "감옥에 있는 영혼들에게 가서 복음을 전하라"는 하나님의 음성을 들었다. 안드레는 조용하고 수줍음이 많은 학생이었다. 그런데 갑자기 감옥에 가서 전도하라는 말씀에 적잖이 당황했다. 하지만 주님이 가라 하시니 그 음성에 즉시 순종했다.

그는 교도소 책임자를 찾아갔다. 그리고 죄수들에게 예수 그리스도에 대한 이야기를 전하고 싶은데 허락해 줄 수 있는지 물어보았다. 놀랍게도 교도소 책임자가 흔쾌히 허락을 했다. 심지어 자신이 수감자들을 직접 불러 모아 주겠다고까지 했다.

안드레가 교도소 안으로 들어갔을 때 수백 명의 수감자가 모여 있었다. 안드레는 너무도 당황했다. 이렇게 많은 사람이 모여 있을 거라고는 전혀 예상하지 못했던 것이다. 게다가 그는 살면서 한 번도 많은 사람 앞에서 말을 해본 적이 없었다. 몸이 뻣뻣하게 굳는 것만 같았다. 등에서는 식은땀이 흘렀다. 안드레는 자신을 바라보는 수백 명과 눈이 마주친 순간 그대로 얼음이 되어 버렸다. 얼마나 긴장했는지 목구멍이 눌린 것처럼 목소리가 전혀 나오지 않았다. 아무리 말을 하려고 해도 입이 열리지 않았다. 그때 안드레가 할 수 있는 일은 주님께 기도를 드리는 것뿐이었다. 순간 그의 머릿속에 예레미야의 말씀이 떠올랐다.

> 너는 그들 때문에 두려워하지 말라 내가 너와 함께하여 너를 구원하리라 나 여호와의 말이니라 하시고 여호와께서 그의 손을 내밀어 내 입에 대시며 여호와께서 내게 이르시되 보라 내가 내 말을 네 입에 두었노라 **렘 1:8-9**

이 말씀이 그대로 자신의 몸으로 들어오는 것만 같았다. 온 마음과 생각을 성령님께 집중하는 동안 몇 분간의 정적이 흘렀다. 잠시 후 드디어 안드레가 입을 열었다.

"하나님은 살아 계십니다!"

안드레는 말씀을 전하는 내내 침착했고, 단호했고, 뜨거웠다. 그의 메시지를 들은 죄수들 사이에서 누군가 훌쩍이며 울기 시작했다. 그날 죄수 중 몇 명이 예수를 구주로 시인했으며, 믿음으로 구원을 얻게 되었다. 하나님께서는 안드레가 상상도 못 했던 감옥에서 복음을 전하게 하셨다. 이 놀라운 일은 "가서 복음을 전하라"는 주님의 말씀에 순종하는 자를 통해 이루어졌다.

나는 아직까지도 감옥에서 담대히 복음을 전한 안드레의 이야기를 떠올리면 가슴이 뜨거워진다. 불교 국가인 A국 정부기관에서 복음을 전한다는 것은 상식적이지도 않으며 상상조차 할 수 없는 일이기 때문이다. 그러나 하나님께서는 당신의 뜻을 온전히 신뢰하며, 목숨을 걸고서라도 복음을 전하는 자들을 통해 놀라운 구원의 역사를 이루어 가신다.

주님이 세우시고, 주님이 하라고 하신 것은 주님께서 나를 뛰어넘어 이루신다. 내 성품, 내 능력, 내가 가진 것으로는 할 수 없다. 그래서 하나님이 하셨다는 것을 모두가 보는 것이다. 하나님이 한 사람을 만들어 가는 일에는 가늠하지 못할 무수한 하늘나라의 비밀들이 담겨 있다.

하나님은 잘난 사람만을 사용하는 것이 아니다

안드레는 M학교에서 공부를 시작하면서 굉장히 밝아졌다. 그는 성경을 배우면서 하나님 안에서 자신이 어떤 존재인지를 명확히 알게 되었다고 고백했다.

특히 성막에 대해 배우면서 하나부터 열까지 섬세하게 인도하신 하나님을 만났다. 그런 하나님께서 자신을 만드실 때도 이토록 치밀하고 섬세하셨다는 사실을 깨달았다. 말씀이 깊어질수록 소심하던 안드레 안에도 점점 담대한 믿음이 자리잡아 갔다.

한번은 수업 시간에 한국에서 온 목사님들과 학생들이 함께 춤을 춘 적이 있었다. 사역자라면 어느 곳이든지, 누구 앞에서든지 담대하게 복음과 말씀을 전해야 하지만, 아빠 되신 하나님 앞에서 즐겁게 춤을 추는 자유한 자녀의 모습도 있어야 함을 가르쳐 주기 위해서였다.

당시 한국에서 유행하던 '강남스타일 춤'을 가르쳐 주었는데, 학생들은 그걸 따라하며 배꼽이 빠져라 웃고 재미있어 했다. 그때 목사님이 학생 대표로 안드레를 앞으로 불러내었다. 하필 부끄러움을 많이 타는 안드레가 지목되어 어쩌나 싶었는데, 나는 그를 보고 깜짝 놀랐다. 거침없이 앞으로 나오더니 목사님과 함께 신나게 춤을 추는 것이 아닌가! 나는 안드레가 주님의 사랑 안에서 이제 마음껏 자유를 누리고 있음을 깨달았다.

그는 현재 M학교에서 가장 열심히 복음을 전하는 제자 중 한 명이다. 어느 날 전도 중에 목에 암이 생겨 고통 속에 있는 20대 청년을 만났는데, 안드레는 그에게 복음을 전하며 병이 낫기를 기도해 주었다. 그런데 얼마 후 그 청년에게서 목에 있는 암 덩어리가 깨끗이 사라졌다는 소식을 들었다고 한다. 안드레는 그 청년에게 M학교를 소개했고, 이제는 그와 함께 사역을 하고 있다.

한번은 안드레가 오랫동안 일어나지도, 걷지도 못하는 사람을 업어서 교회에 데리고 온 적이 있다. 어떻게든 생명을 전하고 싶은 열정과 영혼을 향한 사랑 때문이었다. 그 마음을 아셨는지 하나님께서는 믿음의 기도를 통해 그 병자의 다리를 치유해 주셨다.

이렇게 하나님께서는 특별히 안드레에게 병든 자를 치유하는 은사를 주셨다. 그는 자신이 복음을 전하러 가는 곳마다 아픈 자들을 위해 기도해 주었고 많은 병자들이 나음을 입는 역사가 일어났다.

예수를 영접한 지 6년밖에 안된 그는 지금까지 10만 장의 전도지를 돌렸고, 일대일로 만나 복음을 전한 사람이 천 명이 넘는다. 그중에 주님을 영접한 사람은 삼백여 명이나 된다. 안드레는 벌써 네 명의 제자를 두었고, 그들 모두 M학교에 다니고 있다.

하나님은 잘난 사람만을 사용하시는 것이 아니다. 전적으로 하나님을 믿고 따르는 자를 사용하신다. 사무엘이 하나님의 음성을 들었을 때는 어린아이였다. 다윗도 소년일 때 골리앗을 무찔렀다. 모세의 후계자로 지목하신 자도 별 볼일 없는 가문의 청년 여호수아다. 하나님은 나이나 학벌 같은 것은 상관하지 않으신다. 우리는 항상 자신을 사용해 달라고 기도한다. 그러나 정작 하나님께서 일을 맡기시려고 하면 이런 저런 이유를 대며 '지금은 아닙니다'라고 말한다. 언제까지 그럴 것인가? 나와 같은 인생 후반전을 살아가는 시니어들도 늦지 않았다. 풀타임 사역자가 아니어도 복음을 위해 할 수 있는 일들은 얼마든지 있다.

안드레는 대나무 벌목으로 생계를 꾸리며, 지금도 여전히 여러 마을을 찾아다니는 전도자의 삶을 살아가고 있다. 수많은 위협 속에서도 목숨을 걸고 복음을 전하는 안드레의 삶은, 세상적인 눈으로 볼 때에는 미련해 보일 것이다. 그러나 나는 하나님 나라의 안경으로 그를 바라본다. 그는 진정한 예수님의 제자이며, 그 무엇과도 비교할 수 없는 하나님의 기쁨이다.

올해 초, 나는 제자와 함께 안드레 교회에 방문했다. 검문소를 지날 때마다 마음을 졸이며, 오랜 시간을 들여 그곳에 도착하자 그 시골 마을에 외국인이 처음 들어왔다며 온 동네 사람이 구경하러 모여들었다.

나는 그곳에서 복음을 전했고 언제나처럼 주님은 영혼들을 구원하셨다. 예배 후 우리는 세례를 베풀기 위해 바닷가로 나가 모래사장에 신발을 벗어 놓고 바닷물로 걸어 들어갔다. 그 순간 하나님께 너무나 감사해서 눈물이 났다. 세례를 베푸는 중에 파도가 몰려와 온몸을 감쌀 때면 파도에 푹 잠겼다 나오면서 8명이 세례를 받았다. 정말 행복했다.

복음을 포기할 곳은 그 어디에도 없다

필립은 강을 끼고 있는 I지역에서 사역하고 있다. 그는 이곳에서 태어나고 자랐다. I지역은 육로의 접근이 어려워 배를 타고 들어가야만 하는데, 이런 섬 아닌 섬에서 자란 그는 육지로 나와서 대학을 졸업하고 학교 선생님이 되었다. 그런데 주님을 믿고 난 뒤에는 학교를 그만두고 다시 고향으로 돌아가 전도자의 삶을 시작했다.

내성적인 성격의 필립은 평소에는 말도 없이 조용하다가도 복음을 전할 때만큼은 그 목소리가 어찌나 우렁차고 담대한지 마치 딴사람을 보는 것만 같다. 그런 필립의 모습을 볼 때면 영적 파워가 느껴진다. 그가 성령께서 말하게 하심을 따라 복음을 전하고 있다는 것이 전해진다.

한번은 필립이 자신이 있는 마을에 와 줄 것을 요청한 적이 있다. 나는 반가운 마음에 제자들 몇 명과 함께 그 마을에 들어갔다. 우리는 D지역에서 버스를 타고 여섯 시간, 택시를 타고 한 시간을 가서 다시 오토바이를 타고 나루터까지 이동했다. 그곳에서 서너 명 정도가 겨우 탈 수 있는 작은 쪽배를 타고 필립이 있는 마을로 들어갔다. 이렇게 모든 교통수단을 이용해 그가 사는 곳을 직접 가 보니 그동안 필립이 얼마나 힘들게 학교를 다녔는지 실감할 수 있었다.

주일 아침 예배 때는 사십여 명의 사람들이 교회에 모였다. 주민의 99퍼센트가 불교도인 이 섬마을에서 그날 절반이 넘는 사람들이 예수님을 영접했다. 그중에서 40대 정도로 보이는 남자 두 명이 머뭇거리며 내 앞으로 다가왔다. 예수의 이름으로 기도하면 낫는다고 하니, 아픈 자신을 위해 기도해 달라는 것이었다. 또 한 사람은 자신의 아버지는 전 재산을 다 바쳐 절을 지을 정도로 독실한 불자인지라 자신이 예수를 믿으면 집에서 쫓겨날지도 모른다고 했다. 하지만 두렵고 무섭더라도 예수를 영접하고 싶다고 고백했다.

나는 그 두 사람에게 내 이야기를 들려주었다. 나 역시 믿지 않는 가정에서 태어나 병 고침을 받고 예수님을 믿게 되었고, 가족 모두를 예수님께로 인도한 경험이 있었다. 내 인생처럼 그들 또한 하나님께서 치유해 주시고 그들을 통해 온 가족이 구원받길 간절히 기도했다. 그리고 나는 이들을 보면서 아무리 기독교인 하나 없는 곳이라 할지라도 복음을 포기할 곳은 그 어디에도 없다는 것을 알았다.

예배를 마치고 우리는 마을에 있는 다른 가정들을 전도하기 위해 이동했다. 그 집에 가기 위해서는 겨우 대나무 하나로 만들어진 다리를 건너가야 했다. 마치 외줄타기를 하듯 아슬아슬하게 발을 디뎌야만 하는 곳이었다. 자칫 발을 잘못 디디면 2미터 아래 진흙탕으로 빠져 버린다. 떨어질까 봐 얼마나 신경을 썼는지 땀이 비 오듯이 흘렀다.

우리는 간신히 다리를 건넜다. 그리고 두 평 정도 되는 작은 집으로 들어갔다. 엉성하게 엮어진 바닥은 움직일 때마다 휘청거렸다. 나뭇잎으로 만든 벽은 비가 오면 물이 다 들이칠 것만 같았다. 이곳에 젊은 부부와 세 살짜리 딸, 할머니가 함께 살고 있었다. 그런데 이 위험한 다리 때문에 할머니와 아이는 집 밖으로 나오지도 못하는 상황이었다. 나는 너무도 안타까워 필립에게 넓은 다리를 만들어 이 가족이 오갈 수 있게 해 주자고 말하고 비용을 지원해 주었다.

일정을 마치고 우리는 돌아갈 배를 타기 위해 강으로 갔다. 그런데 사역자에겐 배를 빌려줄 수 없다고 하는 말을 들었다. 필립이 다른 마을로 갈 때 예수를 전하러 가는 것을 알고 배를 빌려주지 않기도 한다는 것이었다. 사실 이 마을 사람들은 아파도 치료를 받으러 육지로 나올 수 없다. 배를 탈 돈이 없기 때문이다. 우리가 타고 들어간 쪽배는 왕복에 한국 돈으로 1만 4천 원인데 이 시골 사람들에게 뱃삯은 엄두가 나지 않는 비용이었다. 이렇게 한 번 타는 값도 만만치 않지만, 복음 전하는 필립에겐 빌려주지 않겠다고 하니 나는 그것이 더 가슴 아팠다.

나는 제자들과 배를 타고 나오면서 안타까움에 하나님께 기도했다. 필립이 마음껏 복음을 전할 수 있도록 배를 달라고 말이다. 그러고는 필립에게 하나님께서 곧 배를 마련해 주실 거라고 말해 주었다. 사실 나는 그에게 배를 사 줄 돈이 없었다. 하지만 나와 제자들은 하나님께서 어떻게 하실지 기대했다.

　그런데 몇 달 후 정말 기적 같은 일이 실제로 일어났다. 하나님께서 우리의 기도에 응답해 주신 것이다. 그곳을 다녀온 후 나는 사람들에게 필립의 이야기와 배에 대해서 나눴는데, 한국에 계신 신실한 분을 통해 무려 30~40명 정도를 태울 수 있는 배가 마련된 것이다. 그 배는 I지역에 원래 있던 배보다 열 배나 더 크고 성능도 좋았다.

　이제 마을 사람들은 아파서 병원에 가야 할 일이 생기면 필립에게 와서 배를 태워 달라고 한다. 불교신자들도 외부로 나갈 때 필립에게 도움을 청한다. 필립은 이들을 육지에 태워다 주면서 좋은 관계를 맺고 기회가 될 때마다 복음을 전하고 있다. 그뿐만 아니라 배를 타고 이 마을 저 마을을 돌며 하나님의 살아 계심과 예수 그리스도의 십자가를 선포하고 있다. 그야말로 구원의 방주다.

　하나님께서 주신 구원의 방주를 통해 마을에서는 필립과 예수님에 대한 인식이 달라지기 시작했다. 예수님을 믿는 사람이 단 한 사람도 없었던 그곳이 복음으로 새로워지고 있다. 육체를 위한 구원의 방주를 그곳에 주신 것처럼, 마을 사람들이 단 한 사람도 빠지지 않고 모두 영혼 구원의 방주에 올라탈 수 있기를 기도한다.

# 열악한 환경쯤이야
하나님께는
아무것도 아니다

어느 날 M학교의 리더 시몬이 나를 찾아왔다. 그가 사역하는 교회의 교인들이 계속 늘어나서 예배당을 또 옮겨야 할 것 같다고 했다. 두 번째로 교회를 옮긴 지 겨우 1년 만이었다. 아무것도 가진 것 없이 시작했는데 교회는 빠르게 부흥하고 있었다.

시몬은 성실하며 묵묵히 자신의 자리를 지키는 사람이다. 학생들도 그를 많이 따를 뿐만 아니라 온유한 리더십을 보이고 있어 나는 그가 참으로 믿음직스러웠다.

그는 F지역의 작은 마을에서 태어났다. 불심이 강한 아버지 때문에 그의 집에는 언제나 많은 승려가 찾아와 살다시피 했다. 시몬은 열세 살 때 친구에게 복음을 듣고 예수님을 믿게 되었는데, 그 일로 집안에서 많은 어려움을 당해야만 했다. 하지만 그는 끝까지 인내하며 매일같이 가족들을 위해 눈물로 기도했고, 지금은 감사하게도 그의 온 가족이 주님을 영접했다.

나는 그를 볼 때마다 항상 안쓰러웠다. 하루에 한 끼도 제대로 못 먹을 정도로 형편이 녹록지 않았던 것이다. 그럼에도 시몬은 주님의 일이라면 누구보다 먼저 달려 나갔다. 그는 M학교에 들어오기 위해 차로 열여덟 시간이나 달려야 도착하는 D지역으로 무작정 상경했다. 내가 처음 시몬을 만났을 때 그는 거의 뼈만 남았을 정도로 마르고 야윈 상태였다. 나는 조금이라도 더 먹이고 품어 주려고 노력했다. 퍼 주고 또 퍼 주어도 부족한 것만 같았다. 그가 학교에서 공부를 시작하면서 영과 육에 조금씩 살이 올라가는 것을 볼 때 어미의 마음처럼 얼마나 흐뭇했는지 모른다.

시몬이 학교에 온 지 얼마 안 되었을 무렵, 하루는 내게 와서 가정집을 빌려서 교회를 시작하고 싶다고 말했다. 버스비가 없어서 먼 거리를 걸어 다닐 정도로 어려운 형편이면서도 가정교회를 개척하기로 결심한 것이다.

첫 예배를 드리기 위해 시몬이 개척한 교회에 방문했는데, 나는 긴 한숨부터 나왔다. 작은 단칸방 하나를 구했는데 거기에 스무 명 남짓한 교인이 모여 있었다. 주로 공장에 다니는 아이들과 가난한 이웃 주민들이었다. 공간도 협소하지만 더 심각한 것은 교회 주변 환경이 너무도 열악했다. 쓰레기가 곳곳에 쌓여 있고, 옆에 흐르는 개천은 썩어서 악취가 진동했다. 녹슨 펌프에서 나오는 더러운 물로 밥을 해먹고 있는데, 이런 곳에서 어떻게 지낼 수 있는지 궁금할 정도였다.

그러나 교인들과 함께 드린 첫 예배는 은혜와 감동으로 충만했다. 이런 환경쯤이야 아무것도 아니라고 말하는 것만 같았다. 그날 시몬이 무릎을 꿇고 교인들을 위해 뜨겁게 기도하던 모습과 그 좁은 곳에 다닥다닥 앉아 목소리 높여 찬양하던 성도들의 모습이 아직도 마음 깊이 남아 있다.

시몬은 매일 전도를 나갔고, 성도 수는 계속해서 늘어났다. 좀 더 넓은 예배 장소가 필요해 교회를 옮길 곳을 알아보던 중이었는데, 어느 날 시몬이 흥분된 목소리로 나에게 전화를 했다. 새로 알아본 곳의 집주인이 1년 동안 월세를 받지 않을 테니 열심히 사역해 보라고 했다는 것이다. 기쁨에 겨워 어쩔 줄 몰라 하는 시몬의 마음이 그대로 전해졌다. 나도 그의 전화를 받으며 떨듯이 기뻤다. 한 달에 8만 원이나 하는 월세를 낼 수 있는 형편이 아니었는데 그가 돈 때문에 위축되지 않고 마음껏 사역할 수 있게 된 것이 얼마나 감사했는지 모른다.

시몬이 섬기는 교회는 어느새 성도가 오십 명이 넘었다. 이 교회는 365일 예배를 드린다. 매일 저녁 7시면 함께 모여 예배하고 뜨겁게 기도한다. 어린아이부터 노인에 이르기까지 비좁은 곳에서 땀을 줄줄 흘리면서도 기쁘게 예배를 드리고 있다. 나는 그가 사역하는 모습이 보고 싶어 가끔 그 교회를 찾는다. '나도 이렇게 좋은데 주님은 얼마나 기쁘실까' 하는 생각이 든다. 하나님께서 시몬의 교회를 축복하시고 부흥시키시는 것은 너무나 당연한 일이다. 이 교회는 예수님을 믿고, 전심으로 예배하며, 사랑으로 교제하는 사람들이 날마다 늘어나는 사도행전의 모습이었다.

시몬은 이렇게 고백했다. 자신이 처음 M학교에 왔을 때 '하나님을 사랑하라. 죽도록 충성하라. 그리고 겸손하라'는 세 가지를 끝까지 붙들고 가야 한다는 말씀을 들었는데, 사역을 하면서 힘들 때마다 이 가르침이 생각났다는 것이다. 그것이 자신을 여기까지 올 수 있게 만들었다고 했다.

나는 제자들이 이렇게 하나님 안에서 성장하고 있는 것이 더 없이 감격스러웠다. 쉬운 길을 가고 싶은 많은 유혹 속에서도 넘어지지 않고 기어이 제자의 삶을 살아 내고자 몸부림치는 것이 고맙고, 삶을 던져 주님을 사랑하며 믿음으로 따르고자 하는 노력이 고맙고 또 고마웠다.

나는 그가 교회를 옮길 때마다 찾아간다. 그리고 일단 어떻게 하는지 지켜본다. 그가 하나님을 먼저 바라보게 하기 위해서다. 하지만 마음속으로는 '다음에 시몬을 위해 이것을 해 줘야지' 하고 생각한다. 하지만 그것을 시몬에게 말해 주지는 않는다.

나는 하나님께서도 우리에게 당장 다 해 주실 수 있지만 지켜보고 계시는 부분이 있다고 생각한다. 부모가 아이에게 넘어질 줄 알면서도 한 걸음 한 걸음 발을 떼 보라고 하는 것처럼 말이다. 하나님도 이미 우리를 위해 마음에 품으신 것이 있다. 그리고 그때가 되면 마음에 품고 계신 그것을 반드시 이루어 주실 것이다.

# 고난과
눈물을 거쳐야
하나님의 사람이 된다

M학교 제자들 중에는 그야말로 파란만장한 인생 스토리를 가지고 있는 학생들이 많다. 그중에서도 제이콥은 석 달 열흘을 풀어놓아도 모자랄 만큼 고단하고 가슴 아픈 사연을 품고 있다.

제이콥의 아버지는 F지역에서 복음을 전하는 전도자였다. A국에서 사역자로 살아간다는 것은 가난하게 살기로 작정하는 것과 같다. 아버지는 계속 복음을 전하며 살고 싶었지만, 아내와 자식들이 제대로 먹지도, 입지도 못한 채 힘들게 살아가는 것이 너무도 괴로워 할 수 없이 전도자의 길을 내려놓았다.

그러다가 급기야 제이콥이 열두 살이 되던 해 아버지는 그를 고아원에 보냈다. 이 집의 형편을 아는 동네 사람이 와서 제이콥을 D지역에 있는 고아원에 보내면 먹을 걱정 안 해도 되고 학교라도 다닐 수 있을 거라고 말해 준 것이다. 아버지는 그것이 아들을 위하는 일이라 여겼다.

하지만 고아원 생활은 어린 제이콥이 감당하기에는 너무도 힘들었다. 그렇다고 부모에게 자신이 고생하고 있다는 사실을 알릴 수도 없었다. 그러면 부모님이 가슴 아파하실 것이라고 생각했기에 그 외롭고 힘든 날들을 혼자서 참고 버텨 냈다.

제이콥이 신학교에 다니던 때 그의 어머니는 막냇동생을 낳았다. 그러다가 산후 후유증으로 병을 얻었는데, 안타깝게도 더 이상 손쓸 수 없을 만큼 병이 악화되고 말았다. 임종을 앞둔 어머니는 제이콥이 자신 때문에 공부도 마치지 못하고 고향으로 돌아오게 될까 봐 걱정이 되어 끝끝내 연락하지 않았다. 대신 제이콥에게 마지막 유언을 남겼다. 좋은 주의 종이 되어 달라는 것이었다. 가난 때문에 힘들게 살면서 자식들의 삶만큼은 좀 편했으면 했던 어머니였다. 하지만 아들이 결국 주의 종의 길을 선택했을 때 눈물이 나면서도 감사했던 것은 아들을 향한 하나님의 뜻이 있음을 믿었던 것이다. 사랑하는 아들의 얼굴도 보지 못한 채 눈을 감으며, 어머니는 부디 그리스도를 따르는 좋은 주의 종이 되길 부탁했다.

제이콥은 6개월이 지난 뒤에야 어머니의 소식을 들었다. 마지막 순간까지 자신을 위했던 어머니를 생각하니 더욱 애끓는 마음에 가슴을 칠 수밖에 없었다.

얼마 뒤 제이콥이 고향집에 가 보니 그곳엔 아무도 없었다. 아버지는 마음을 추스르지 못하고 아내의 무덤에 가서 매일 술만 마시며 폐인처럼 살고 있었고, 동생들은 연로하신 외할머니 집에서 지내고 있었다.

아직도 엄마 젖이 그리울 막내와 말도 제대로 못 하고 아장아장 걸어다니는 넷째, 한창 부모 손이 필요한 다섯 살, 열 살 된 동생은 아무런 돌봄도 받지 못하고 방치되어 있었다. 제이콥도 겨우 열여덟 살의 나이였지만, 이렇게 동생들을 놔둘 수 없어 모두 데리고 M학교가 있는 D지역으로 가기로 결심했다. 동생들이 끼니를 굶지 않고 공부할 수 있는 고아원이 차라리 여기보다는 낫다고 생각한 것이다.

또 한 번 어린 자식들을 고아원으로 보낼 수밖에 없는 무력한 아버지의 마음은 어땠을까? 병들어 자신보다 먼저 죽은 딸, 그리고 그 딸의 어린 자식들을 곁에 두지 못하고 떠나보내야만 하는 할머니의 심정은 또 어땠을까? 자식들이 배를 타고 떠나는 모습을 차마 볼 수 없었던 아버지는 얼굴을 돌린 채 하염없이 울기만 했다. 외할머니도 억장이 무너졌는지 땅바닥에 주저앉아 통곡을 했다. 제이콥은 그때의 할머니의 모습을 잊을 수 없었다. 지금도 떠올리면 가슴이 미어질 듯 아프다고 말했다. 나에게 그 이야기를 해 주던 제이콥은 목이 메어 한참 동안 말을 잇지 못했다.

자신도 고아원 생활을 겪어 봤던지라 동생들을 안전하게 맡길 수 있는 고아원을 하나님께 기도하며 여기저기 찾아다녔다. 다행히 믿을만한 곳을 알게 되었고, 제이콥의 상황을 알게 된 원장님은 네 동생을 모두 받아 주었다.

그는 하루에 열여섯 시간씩 일을 하며 하루빨리 동생들이 있는 곳으로 돌아가기 위해 애를 썼다. 공부하랴 돈 벌랴 무척 고단했을 텐데, 그는 고아원에 있는 동생들 생각에 잠시도 쉬지 않았다. 하나님께 온 가족이 하루빨리 같이 모여 살 수 있게 해 달라고 기도하며 날마다 울며 잠이 들었다.

신학교를 졸업하자마자 그는 D지역으로 돌아와 단칸방을 하나 얻었다. 그리고 고아원에서 동생들을 데리고 왔다. 모두 한 집에 모여 살게 된 날, 제이콥과 동생들은 서로 부둥켜안고 밤새 울었다. 그리고 꿈에 그리던 이 날을 주신 하나님께 감사의 기도를 드렸다.

얼마 전 제이콥은 눈물 속에 헤어졌던 아버지를 D지역으로 모셔 왔다. 아버지는 아이들에게 진 마음의 빚 때문인지 미안하다는 말만 되풀이하며 아이들을 끌어안고 우셨다. 어느새 훌쩍 커 버린 제이콥과 동생들은 오히려 그런 아버지를 위로해 주었다. 아버지의 믿음 때문에 자신들이 예수님을 믿게 되었고, 아버지의 기도 때문에 이렇게 클 수 있었다고 말이다. 그 하나님께서 자신들을 지금까지 지켜 주셨다고 고백했다.

나는 그의 이야기를 들으면서 얼마나 울었는지 모른다. 어린 나이에 제이콥이 살아온 고단한 삶을, 그의 가족이 겪었을 아픔들을 주님께서 두고두고 위로해 주시길 기도하며 그를 꼭 안아 주었다. 나는 이렇게 아이들을 멋지게 지켜 주신 하나님께 감사했다. 그리고 그 세월 동안 하나님을 떠나지 않고 말씀 안에 있었던 제이콥이 참으로 자랑스럽다고 말해 주었다. 제이콥은 한참 동안 말없이 울었다. 하나님께서 그의 힘들고 외로웠던 마음을 만져 주고 계시는 것 같았다. 그가 말했다.

"선생님, 저는 좋은 주의 종이 되고 싶습니다."

나는 그를 누구보다 좋은 주의 종으로 키워 가실 하나님을 믿는다. 하나님이 사용하시는 사람치고 어려움을 겪지 않는 사람은 없는 것 같다. 누군가는 병을 통해서, 누군가는 자식을 통해서 힘든 시간들을 겪는다. 저마다의 사연은 다르지만 하나님이 사람을 만들어 가시는 공식은 같다. 하나님 앞으로 오게 하시고, 사랑하게 하시고, 자신을 버리게 하시고, 온전히 십자가를 바라게 하시는 공식의 비밀은 고난과 눈물에 있다.

　하나님은 우리가 겪는 어려운 과정 속에서 '나는 너의 하나님이다', '내가 너와 함께 있다'라는 것을 보여 주신다. 그 하나님이 함께하시면 부모가 있든 없든, 어떤 환경에서든 하나님의 사람으로 자랄 수 있다.

　나는 무엇보다 제이콥의 마음에 원망과 미움 대신 오히려 긍휼함을 갖게 하셨다는 것이 감사했다. 그는 자신이 어렵게 살아왔던 경험 때문인지 같이 공부하는 학생들이나 어려운 이웃들에게 아낌없이 베푼다. 자신도 밥을 못 먹었으면서 굶고 있는 사람을 보면 가진 것을 다 내어 준다.

　M학교에서 신학 석사를 마친 그는 신실하게 주님을 사랑하는 책임감이 강하고 사랑이 많은 자랑스러운 제자다. 현재 그는 D지역의 몇몇 대학에서 학생들을 가르칠 만큼 유능한 인재가 되었다. 어머니의 유언처럼 그는 지금 좋은 주의 종이 되어 가고 있다.

 마약 판매상도
주님의 제자가
되었다

올해 서른일곱 살인 루디아는 특별히 섬김의 은사가 있다. 은사 중에서도 섬김의 은사가 얼마나 아름다운 것인가를 나는 루디아를 통해 알게 되었다. 루디아는 처음 학교에 들어올 때부터 지금까지 궂은일들을 묵묵히 감당해 왔다. 누가 알아주든 알아주지 않든 신경 쓰지 않았다. 그에겐 그것이 중요해 보이지 않았다.

루디아는 기독교 가정에서 태어났다. 예수님을 인격적으로 만나기 전에는 부모의 말에 모두 거꾸로만 하고 싶었던 청개구리였다고 한다. 아버지는 학교 선생님이었는데, A국에서는 교사 월급이 매우 적은 편이라 가정 형편은 그리 넉넉하지 못했다. 결국 루디아는 대학을 가는 대신 돈을 벌기로 결심했다.

스무 살이 되던 해, 루디아는 돈 벌 궁리에 나섰다. 매번 말썽만 피우는 딸이 아니라 자신도 가족에게 도움을 주는 좋은 딸로 인정받고 싶었던 것이다. 평소에 알고 지내던 한 친구를 찾아가 큰돈을 벌 수 있는 방법을 상의했다. 그때 친구는 루디아에게 은밀한 제안을 했다. 바로 마약을 배달하는 일이었다.

루디아는 혼란스럽고 두려웠지만 딱 한 번만 해 보자는 친구의 말에 흔들렸다. 결국 마약 운반을 시작했다. 그러나 한 번은 두 번, 세 번이 되었고, 이후에는 마약을 직접 파는 일까지 하게 되었다.

그렇게 1년 쯤 지났을 때 루디아와 그 친구는 경찰에게 덜미가 잡혀 쫓기게 되었다. 그때 루디아는 아이가 둘이나 있었던 친구를 먼저 도망치게 하고 혼자 경찰에게 붙잡혔다. 그 일로 35년의 징역형을 받았다. 루디아는 가족 누구에게도 연락하지 않은 채 수감 생활을 했다. 제대로 먹지 못해 영양실조에 걸릴 정도로 야위었고, 대부분 강제 노동을 하며 힘든 시간을 보냈다.

루디아는 그곳에서 어떻게 하면 자살할 수 있을까만 생각하며 하루하루를 지냈다. 그러던 어느 날, 뜨거운 물을 운반하던 중에 넘어져 다리에 화상을 입고 병원에서 치료를 받게 되었다. 루디아는 그때 치료를 위해 받은 몇 달치의 약을 한꺼번에 먹은 뒤 자살을 시도했다. 다행히 혼수상태에서 깨어났지만 다량의 약 성분 때문에 죽을 고비를 여러 번 넘겼다.

퇴원 후 다시 감옥으로 돌아온 루디아에게 한 교도관이 다가와 조용히 성경책을 전해 주었다. 그날부터 루디아는 매일 성경을 읽기 시작했다. 그러면서 어리석었던 지난날의 삶을 돌아보며 매일 눈물로 회개했다. 항상 자신을 위해서 기도하셨을 부모님이 떠올랐다. 그리고 지금까지 자신을 기다려 준 어린 시절의 그 하나님을 다시 만났다. 그러면서 그동안 느껴 보지 못했던 진정한 평안이 무엇인지를 경험하게 되었다.

1년 후, 루디아는 용기를 내어 부모님께 연락을 드렸다. 소식을 들은 부모님은 한걸음에 달려왔고, 딸의 감형을 위해 백방으로 노력했다. 다행히 35년형을 받았던 루디아는 10년 만에 세상 밖으로 나올 수 있었다.

루디아에게는 제인이라는 동네 친구가 있었는데, M학교의 리더였다. 루디아는 출소 후 제인을 만나 M학교에서 신학을 공부하게 되었다. 학교를 다니면서 어린 시절부터 들어 온 하나님에 대해 다시 알아 가게 되었고, 그 하나님의 사랑이 어떤 것인지를 경험하며 하루하루 이전과는 전혀 다른 삶을 살아갔다.

루디아의 아픔을 알고 있는 우리 부부는 더욱 그녀에게 관심을 갖고 사랑하며 세워 주고 챙겨 주었다. 사역지에 나갈 때도 같이 데리고 가서 훈련시키는 것을 통해 루디아도 우리의 사랑을 알고 있는 듯했다.

어느 날 조직신학 강의를 끝내고 나는 학생들에게 '나는 하나님 앞에 누구인가?'를 발표해 보도록 했다. 그때 루디아가 손을 들고 앞으로 나와 자신의 이야기를 시작했다.

"저는 마약을 팔다가 붙잡혀서 교도소에서 10년을 복역한 사람입니다. 저는 그런 죄인입니다. 그런데 나 같은 죄인을 위해 예수님께서 십자가에서 죽으시고 부활하셨습니다. 저는 하나님의 은혜로 여러분과 같이 M학교의 학생이 되었고, 지금 하나님의 사랑 가운데 살고 있습니다. 저를 구원해 주신 하나님께 너무 감사드립니다."

갑작스러운 루디아의 간증으로 잠시 정적이 흘렀다. 하지만 이내 학생들은 용기를 내준 루디아를 향해 뜨거운 격려의 박수를 보냈다. 수업이 끝난 뒤 학생들은 그녀에게 다가가 안아 주고 축복해 주며 사랑을 보여 주었다. 루디아는 오랫동안 억눌려 있던 감정이 한꺼번에 복받쳐 올라왔는지 책상에 엎드려 울기 시작했다.

나 역시 루디아의 용기 있는 고백에 감사했다. A국에서 여성이 이런 고백을 할 수 있다는 것은 쉬운 일이 아니다. 그런데도 사람들 앞에 자신의 과거를 드러냈다는 것은 그만큼 스스로가 하나님의 자녀라는 정체성을 갖게 된 것이었다. 루디아의 영이 건강해지고 있는 것이 보였다.

우리 중에 죄인이지 않은 사람이 어디 있겠는가? 예수님의 십자가 옆에 있던 자도 살인자, 강도였다. 남편이 다섯인 사마리아 여인도, 막달라 마리아도 하나같이 사람들의 손가락질을 받는 사람들이었다. 그러나 성경 안에는 그런 자들도 사랑하시고 구원하시는 하나님의 사랑이 담겨 있다. "누구든지 그리스도 안에 있으면 새로운 피조물이라 이전 것은 지나갔으니 보라 새것이 되었도다"(고후 5:17)라고 하는데, 우리가 계속해서 과거를 보며 새로워진 자신을 인정하지 못한다면 그것은 큰 잘못이다. 하나님은 이미 우리 각자의 삶이 새롭게 됨을 인정하셨다.

루디아는 그날 이후로 한층 더 자유로워졌다. 작년에 신학 기초과정을 졸업했을 때 그녀의 가족은 그 누구보다 기뻐하며 루디아를 축복해 주었다. 그리고 A국에서 복음성가 가수로 활동하고 있는 그녀의 남동생은 먼 거리까지 달려와 졸업생을 위한 축하공연을 해 주었다.

하나님의 사랑은 모든 허물을 덮는다. 하나님의 사랑은 세상에서 소망이 없는 사람에게 다시 새사람으로 가는 길을 보여 주셨다. 루디아는 그 사랑 때문에 새로운 인생을 살아가고 있다. 루디아는 영원한 내 제자이며, 하나님의 사랑스러운 딸이다.

Part 3.

고난의 길에서

순종을

배우다

하나님은 순종하는 자들을 통해 일하신다

하루는 오랫동안 알고 지냈던 이성호 목사님에게서 연락이 왔다. 지금 맡고 있는 성경공부 모임에 한번 와 달라는 요청이었다. 이 목사님은 '올리브'라고 하는 성경공부 모임을 8년 동안이나 인도하고 있다. 이 모임에서 남편과 내 이야기를 한 적이 있는데, 성도들은 얼굴도 한번 보지 못한 우리를 위해 감사하게도 중보기도를 해 주었던 것이다.

한 달여의 시간이 지난 후, 나는 인사차 그 모임을 방문했다. 그날 처음 얼굴을 뵙고 M학교 학생들에 대해서 이야기를 나눴다. 그때 우리가 몇 년 전부터 기도하고 있던 유치원 건립에 대해서도 잠시 이야기했는데 이 모임에서 그 일을 돕고 싶다고 했다.

사실 유치원은 오래전부터 마음에 품어 오기는 했지만 섣불리 나설 수가 없는 일이었다. 경제적 준비가 아무것도 되어 있지 않았기 때문이다. 사실 유치원은 어린 생명을 키워 내는 일이라는 점에서도 의미가 있지만, 신학교와는 달리 지역 사람들도 큰 관심을 갖기 때문에 지역사회와 좋은 유대관계를 가질 수 있었다. 또한 A국에서 우리 사역이 보호받을 수 있는 좋은 기회이기도 했다.

문제는 유치원을 짓기 위해서는 6천만 원이라는 큰돈이 필요했다. 나는 언제나 해 오던 대로 주님이 이 일을 믿고 맡길 자가 누구인지, 주님이 뽑아 상 주실 이는 누구인지만을 위해 기도했는데, 감사하게도 이 올리브 성경공부 성도님들이 유치원 건립을 위해 후원해 주기로 한 것이다. 다음 날 통장을 보니 놀랍게도 하루 만에 무려 7천만 원이나 모여 있었다. 나는 그저 얼떨떨하기만 했다.

이후 M학교 개강을 준비하기 위해 A국으로 들어갔다. 개강예배 때 학생들에게 한국에서의 후원 이야기를 전하려던 참이었다. 그런데 한 제자가 나를 찾아와 자신의 어머니 장례를 치르고 난 돈을 유치원 건립하는 데 써 달라고 헌금했다. 나는 너무도 놀랐다. 그들은 학교에 다니는 것조차 힘겨운 형편이었다. 그런데 그 뒤로도 네 명의 학생이 더 찾아와 학교를 위해 써 달라며 헌금을 했다. 나는 이 나라에서도 한국에서도, 하나님은 이 일을 위해 준비하고 계셨다는 사실을 더욱 분명히 알게 되었다. 그런데 한 가지 문제가 생겼다. 우리가 빌려서 학생들의 숙소로 쓰던 곳이 있었는데, 하필 그 자리를 유치원으로 만들어야 한다는 것이었다. 그 숙소가 없어지면 멀리서 온 학생들이 머물 곳이 없어지게 되는 것이라 난감했다. 신학교 학생들은 또 어디로 가야 하나 고민이 되었다.

나는 이 문제를 놓고 기도했다. 그러자 하나님께서 신학교와 유치원을 다 같이 지으라는 마음을 주셨다. 한 번도 그런 생각을 해 본 적이 없었다. 사실 우리는 그동안 사역을 하면서 건물에 대해 생각해 본 적이 없다. 신학교나 유치원도 마찬가지다. 건물에 집중하면 오히려 사역에 방해가 될 수도 있었기 때문에 그저 예수님의 제자를 길러 내는 것에만 온 힘을 쏟아 왔다. 그런데 학생 수가 점점 많아지면서 M학교도 건물이 필요할 때가 온 것이다. 그러나 두 개를 같이 지으려면 더 많은 돈이 필요했다. 이걸 어떻게 해야 하나 막막하기만 했다.

당시 남편의 병이 통증을 감당할 수 없을 만큼 깊어졌다. 결국 호스피스 병원으로 들어가야 했다. 그곳에서 나는 스물네 시간 꼼짝없이 남편 곁을 지켜야 했다. 그런데 며칠 후 올리브 성경공부의 회장님이 병원에 찾아왔다. 놀랍게도 그곳 성도님들이 이 일은 하나님께서 자신들에게 맡겨 주신 사명이니 발 벗고 나서 주겠다고 했다는 것이다.

게다가 성경공부 모임의 한 성도님을 통해 건축가를 소개받았다. 그분이 재능기부를 해 주겠다고 하셨다는 것이다. 알고 보니 현재 세계건축가협회 부회장을 맡고 있으며, 뉴욕문화원과 서울시립미술관 등을 건축한 한종률 건축가였다. 또한 인테리어 전문가도 합류해 이분들이 가을에 A국으로 직접 가서 설계를 위한 구상을 하고 올 계획이라고 했다. 그동안 제자들이 차디찬 콘크리트 바닥에 돗자리 하나를 깔고 베개도 없이 여기저기 뭉쳐서 자고 있는 모습을 볼 때마다 가슴이 아프고 못내 미안했었다. 그래서 하나님의 때가 되면 하나님의 방법으로 이들의 환경을 변화시켜 주실 것을 소망하고 있었다. 그런데 하나님께서는 나를 이렇게 남편 옆에 붙들어 두시고는, 그 사이 대한민국 최고의 전문가들을 붙여 주셔서 일을 시작하고 계셨다. 내가 나섰더라면 꿈도 못 꿀 일들이었다. 그러니 나는 아무 말도 할 수 없다. 나는 아무것도 하지 않았는데 하나님께서 나서서 이렇게까지 진행하시며 '이 모든 일은 온전히 내가 하는 일이다' 하는 것을 보여 주고 계시니 말이다.

나는 이 모든 일들을 통해 앞으로 그 A국의 그 시골 마을에 어떤 놀라운 일들이 벌어질까 생각만 해도 가슴이 벅차오른다. 하나님은 이렇게 순종의 삶을 살아가는 사람들을 통해서 오늘도 일하고 계신다.

나는 남편에게 이 놀라운 이야기를 들려주었다. 병상에 누워 있던 남편은 환한 미소로 말했다.

"하나님께서 내 생명과 M학교를 맞바꾸시나 보네."

...

남편의 장례식이 끝난 뒤 나는 한 통의 전화를 받았다. 올리브 성경공부의 회장님이었다.

"선교사님, 놀랍게도 지금 많은 분들이 학교 짓는 사역에 동참해 주고 계세요."

그 순간 내 온몸에 전율이 흘렀다. 마지막까지 하나님은 완벽하셨고, 감당할 수 없는 은혜와 벅찬 감동을 부어 주셨다.

나는 남편의 말이 생각났다. 자신의 생명을 M학교와 맞바꾸신 것 같다고 했던 말. 정말이지 그런 것만 같았다. 생명이 아니고서는 설명할 수 없을 만큼의 놀라운 아버지의 사랑이었다.

내 인생을 송두리째 뒤엎다

　남편과 나는 세상적으로 말하면 남부러울 것 없는 인생이었다. 특히 남편은 아시아 사람으로서는 몇 안 되는 미국 공화당 대통령 자문위원이었고, 30대에 국제연합(UN)의 아시아 교육 담당관과 미국 교육국의 장학관을 지낸 인정받는 교육자였다. 그리고 우리 둘 다 캘리포니아 주립대학교에 재직하면서 자연스럽게 미국 고위층 인사들과 어울리는 문화 속에서 사회적 명예와 부를 누릴 수 있는 위치에 있었다. 그때까지만 해도 나름대로 그리스도인으로서 신앙을 지키며 별다른 어려움 없이 하고 싶은 것을 마음껏 누리며 살았다. 어느 날 하나님의 '그 질문'을 듣기 전까지는 말이다.

　1989년 가을, 당시 캘리포니아 주립대학교 포모나캠퍼스 국제개발처장이었던 남편과 책임자였던 나는 학교 주최로 한국에서 열린 '세계 환경 세미나'에 참석하기 위해 고향땅을 밟았다. 캘리포니아 주립대학교는 쓰레기에서 나오는 가스를 활용해 지역의 1만 가구가 사용할 수 있는 전기를 만들었고, 쓰레기 매립장을 정원으로 만드는 프로젝트를 성공시켜 유명해졌다. 한국은 그 당시 난지도에서 가스가 발생하고 쓰레기 오염 문제가 심각할 때였다. 우리는 모국인 대한민국의 난지도 문제를 해결하는 일에 도움을 주고 싶은 마음에 다른 여러 나라의 요청을 제쳐 두고 서울시와 함께 환경 세미나를 진행했다.

며칠 간 숨가쁘게 진행한 세미나 일정이 모두 끝났다. 마침 그날은 주일이었다. 세계 각국에서 온 참가자들은 서울 투어를 하기 위해 나갔는데, 나는 일행과 헤어져 혼자 예배에 참석했다. 오랜만에 방문한 한국에서 나는 조용히 주님께 은혜를 구하고 있었다.

그런데 예배를 드리던 중에 갑자기 마음에 강한 울림이 있었다. 주님이 나에게 물으시는 것 같았다.

"너 뭐 하다 왔니?"

너무나 갑작스러워 그것이 무슨 뜻인지 금방 이해하지 못했다. 그 울림은 다시 내 가슴을 두드렸다.

"내가 너에게 좋은 것들과 많은 은사들을 줬는데, 너는 뭐 하다 왔니?"

주님이 내 마음에 던져 주신 그 짧은 질문 앞에서 나는 아무 말도 못하고 그저 멍한 상태가 되었다.

사실 그동안 내가 주의 일을 하지 않았던 것은 아니다. 로스엔젤레스 교회 대학부를 맡고 있었고, 라스베이거스 교회를 비행기로 매주 오가며 섬기고 있었다. 또한 다른 몇몇 교회들을 도우며 나름대로 주의 일을 충성되게 하고 있다고 생각했다. 그럼에도 나는 그 질문 앞에 이렇다 할 변명조차 할 수 없었다.

"내가 너에게 많은 은혜와 복을 주었는데, 그동안 너만 잘 먹고 잘 살다 온 거니?"

주님의 말씀은 구구절절 맞았다. 부정할 수 없었다. 내가 미국에 오게 된 것도, 지금의 삶을 살게 된 것도 주님이 아니면 설명할 수 없는 일들이라는 것을 누구보다 내가 잘 알고 있었다.

나는 도저히 얼굴을 들 수가 없었다. 너무도 부끄럽고 죄송스러워 그 자리에서 눈물이 펑펑 쏟아졌다. '너 뭐 하다 왔니?'라는 질문이 계속해서 내 귀에 맴돌았다. 나는 회개하고 또 회개했다. 나에게 부어 주신 사랑과 은혜를 떠올릴수록 나는 더욱 견딜 수가 없었다. 그날 예배가 언제 어떻게 끝났는지도 몰랐다. 교회에서부터 시작된 눈물은 호텔에 돌아와서도 멈출 줄을 몰랐다. 너무 울어서 눈이 퉁퉁 부을 정도가 되자 일행은 내게 무슨 일이 생겼나 싶어 놀랄 정도였다.

한국에서의 일정을 마치고 미국으로 돌아오자마자 나는 하나님께 이 질문을 놓고 골방에 들어가 기도했다.

"아버지, 저에게 던지신 이 물음이 너무 무겁습니다. 저에게 주신 것이 그리도 많았는데, 저는 아버지께 돌려드린 게 없는 것 같네요. 그렇다면 이제 어떻게 할까요?"

하나님은 그때 나에게 복음을 전하는 제사장이 되라고 말씀하셨다. 남편과 내가 가진 많은 타이틀이 있지만, 하나님이 우리 부부에게 원하신 것은 바로 이 역할이었다는 것을 그제야 깨달았다.

나는 그날 이후로 충성된 종의 삶이 무엇인지 분명하게 알았다. 지금까지 나는 하나님의 일을 많이 하는 사람, 주를 위해서 이런저런 일을 하겠다고 헌신하는 사람이 충성된 종이라고 생각했다. 그러나 내가 하고 싶은 일을 하는 것은 주의 일이 아니었다. 하나님께서 각 사람에게 맡겨 주신 그 일에 순종하는 사람이 바로 충성된 종이라는 것을 깨달았다.

주님께서 우리 각 사람에게 하라고 하신 일이 있다. 그 일은 해 봐야 세상적인 명예도 주어지지 않고 알아주는 이 하나 없을 수도 있다. 드러나지 않는 별것 아닌 일일 수도 있다. 하지만 주님이 하라고 하신 그 일을 겸손히 행하는 사람이야말로 충성된 종이다. 사람들 보기에 좋은 사역이나 성공적인 사역이 때로는 하나님이 원하시는 일이 아니라 내가 하고 싶은 일일 수 있다.

하나님이 바라시는 것은 이 땅을 떠나 주님 앞에 갈 때까지 각 사람에게 부탁하신 일, 하라고 명하신 그 일을 잘하고 오는 것이다. 예를 들어 엄마가 아들에게 "애야, 엄마가 지금 세탁기에 빨래를 돌리고 있으니까, 이따가 다 되면 꺼내서 널어 줘"라고 부탁하며 외출했는데, 아들이 엄마가 부탁하고 간 일은 하지도 않고 대신 부탁하지도 않은 설거지를 해 놓았다면 어떻겠는가? 과연 엄마가 집에 돌아왔을 때 어떤 반응을 보일까?

내 소견에 옳은 대로가 아니라 정말로 주님이 나에게 원하고 명하시는 것이 무엇인지를 알기 위해 기도하며 주님의 뜻을 구하는 것이 중요하다. 주님이 원하는 그것을 이루어 드리는 것이 충성이다.

"너 뭐 하다 왔니?" 이 질문은 내 삶에 크나큰 전환점이 되었다. 그 뒤로 내 인생은 송두리째 바뀌었다. 주님은 전혀 예상치 못한 방향으로 내 걸음을 이끄셨다. 나는 무엇을 하든지 주님의 말씀에 바짝 귀기울이며 한 걸음 한 걸음 나아갔다. 그러는 동안 내게 있어서 가장 큰 훈련은 바로 '순종'이었다. 어떤 순간이든, 어떤 명령이든 내 결정은 순종이었다. 착하고 충성된 종에게 필요한 것은 오직 순종이라는 것을 지금까지의 삶의 여정을 통해 너무도 분명하게 배웠기 때문이다. 나는 언젠가 주님 앞에 섰을 때 "어서 와라. 착하고 충성된 종아!"라는 말을 듣기 원한다. 그러기 위해 매 순간 주님의 음성을 들으려 노력한다. 오늘도 주님이 인도하시는 그 길을 순종하며 기쁨으로 따라가고 있다.

하나님은 우리 모두에게 물으신다. 그리고 그 대답을 듣기를 원하신다.

"너 뭐 하다 왔니?"

 사랑은
숱한 벽을
뛰어넘는다

    사람들은 각자 자신들이 관심을 두는 것에 눈길을 돌리게 마련이다. 패션에 관심이 있는 사람들은 다른 사람이 어떤 스타일의 옷을 입는지에 신경을 쓰고, 신발에 관심이 있는 사람들은 남들은 어떤 신발을 신었는지부터 본다. 자동차에 관심 있는 사람들은 지나다니는 차만 봐도 고개가 돌아간다.

    "너 뭐 하다 왔니?"라고 물으셨던 그날 이후로 나는 온통 영혼 구원에 마음이 가 있다. 하나님이 관심을 두는 일에 나도 마음을 쏟기로 결심한 것이다.

    우리 부부는 복음을 전하기 위해 학교 근처에 있는 미국 교회를 빌려 교회를 개척했다. 캘리포니아 다이아몬드바 지역에서 현지인과 한인들을 대상으로 노방전도를 시작했다. 사람들이 많이 모이는 곳이나 대형마트 주변을 찾아다니며 믿지 않는 사람들에게 복음을 전했다. 어느 날은 길거리에서도 복음을 외쳤다. 영혼 구원에 대한 뜨거움이 생기니 거리에 나설 용기가 생겼다. 상류 사회에서 어울리며 고급 차를 몰고 부족함 없이 살았던 그전과는 너무도 다른 삶이었지만, 나는 교수로서 학문을 가르치는 일보다 말씀을 전하는 일에 더 큰 기쁨이 있었다. 그것은 지금도 변함없다.

처음 시작한 목회였기에 우리는 오직 전도하는 일에 매달렸다. 성도 수나 교회 건물 등에는 관심이 없었고, 방법도 알지 못했다. 많은 것이 어설펐다. 그러나 우리 목회의 목적은 성공적인 교회를 세우는 것이 아니었다. 그저 믿지 않는 한 영혼만이라도 구원하자는 것이 목적이었다.

길에서 전도지를 나눠줄 때 그냥 지나치는 사람들이 많았다. 처음엔 전단지를 내민 내 손이 많이 부끄럽고 민망했다. 하지만 나도 과거에 예수님을 몰랐을 때는 교회 다니는 사람들은 다 이상하다고 생각했기에 그들이 이해가 되었고, 또한 언젠가는 그들도 나처럼 주님께로 돌아올 수 있을 거라는 마음에 거절하는 그들을 향해 축복했다.

우리의 첫 목회는 그동안 우리가 누려 왔던 삶에 대한 벽을 깨는 작업이기도 했다. 그것은 우리 스스로를 내려놓는 훈련이자 사람들이 우리에게 갖고 있는 선입견의 벽을 넘어서는 일이었다. 목회를 시작한 뒤 내가 제일 당황스러웠던 것은, 힘들어하는 성도에게 다가가 위로하려고 하면 "당신 같은 사람들이 이런 고생을 해 봤겠어?", "잘 먹고 잘살던 사람들이 우리 같은 사람을 어떻게 이해하겠어?" 하는 반응을 보일 때였다.

사람들은 저마다 자신들이 처한 환경과 살아온 삶의 기준에 따라 다른 사람들을 바라보고 이해한다. 그들의 입장에서는 어려움 없이 살아온 내가 자신들의 힘든 삶을 어떻게 이해할 수 있겠나 싶었던 것이다. 맞는 말이다. 평생을 같이 살아온 부부도 그 속마음을 다 모르는 것처럼 내가 살아온 삶에서 그들이 경험해 온 시간을 다 알 수도, 다 이해할 수도 없을 것이다. 다만 그들의 이야기를 들으며 '많이 힘들었겠구나', '아팠겠구나', '저마다의 사정이 있었구나' 하는 것들을 알아주는 것이고, 그들을 향한 참된 위로는 그리스도의 사랑으로 품는 것이다.

처음엔 선입견 가득한 시선들이 너무도 야속하기만 하고, 내 진심이 곡해되는 것 같아 안타까운 마음을 하나님께 매일 밤 토로하기도 했다. 목회자인 나도 인간이기에 성도에게 상처를 받았다. 하지만 기도할수록 이런 모든 것을 품고 가는 것이 목회의 길이라는 사실을 알게 되었다. 내 딴에는 많은 것을 내려놓았다고 여겼지만 그것은 나만의 생각이었다. 하나님은 나를 더 겸손의 종으로 만드시고자 했다. 내 의를 죽이고 나를 더 낮추시는 통로로 하나님은 그들을 사용하셨다. 그것을 깨달을수록 나는 성도들을 위해 매일 강대상 앞에서 무릎을 꿇고 기도했다.

내 구제도 은밀해졌다. 어느 집에 끼닛거리가 없는 게 보이면 교회에서 멀리 떨어진 슈퍼마켓에서 누가 보냈는지 모르도록 배달을 시켰다. 교회에서 보낸 걸 알면 성도의 자존심이 상할 수도 있고, 목사 얼굴 보기도 미안해할까 봐 조용히 섬겼다. 그리고 목회자의 눈에 들어오지 않는 영역에서는 하나님께서 그들을 직접 위로하시고 살펴봐 주시길 구했다.

사랑은 강하고, 기도는 힘이 있다. 어느새 서운함은 사라지고, 나에겐 영혼 구원에 대한 간절함만이 남았다. 기도할수록 십자가의 사랑은 더욱 커져 갔다. 기도할수록 사랑은 뜨거워졌다. 마치 따뜻한 태양이 사람의 옷을 벗기는 것처럼, 사람들은 스스로 마음의 빗장을 열었고, 그들과 나는 하나님 앞에서 똑같이 연약한 인간이요, 긍휼의 대상이며, 사랑받는 자녀임을 함께 깨달아 갔다. 어떤 오해와 조롱 속에서도 끝내 죽음을 이기신 그리스도의 사랑은 영혼을 향한 포기할 수 없는 사랑 때문이라는 것을 더욱 묵상하게 되었다.

그렇게 사랑은 인간이 쌓아 올린 숱한 벽을 뛰어넘게 하며, 기도는 우리를 겸손히 진리 앞으로 인도한다.

당신 모습 그대로
충분히 사랑받을
가치가 있다

　남편과 내가 상담심리학 교수로 학생들을 가르치던 때, 나는 학생들에게 나에 대해서 몇 가지를 밝혔는데, 내가 그리스도인이라는 것과, 완전한 사람이 아니라는 것이었다. 나는 여전히 조금 더 나은 그리스도인이 되기 위해서 노력해 가는 사람일 뿐이라는 것을 말해 주었다.

　초신자나 몇십 년 신앙생활을 한 사람이나 하나님 앞에서는 높낮이가 없다. 목사나 평신도나 수평적 관계다. 교수로서 학생을 가르치고 있지만 하나님 앞에서는 다를 것이 없다는 말이다. 그것을 학생들에게 말해 주고 싶었다. 이 생각은 지금도 변함이 없다.

　그렇게 선포하다 보니 많은 학생들이 나를 찾아왔다. 내 연구실은 늘 학생들에게 열려 있었다. 언제든지, 누구든지 내 방 소파에 앉아 마음을 열 수 있도록 말이다. 나는 최선을 다해 그들의 이야기를 들어 주었고, 할 수 있는 한 도움을 주고자 했다.

상담을 하다 보면 흔히 만나게 되는 유형이 있었다. 그것은 누군가에게 인정받기 위해서 사는 사람들이다. 내가 가르치던 학생 중에 계속해서 과한 반응을 하는 아이가 있었다. 자기 딴에는 인정받기 위해서 애쓰는 것이었지만 매번 거기에 너무 많은 신경을 쓰다 보니 힘이 들었고, 사람들의 평가에 일희일비했다. 나는 그 아이가 늘 안쓰러웠다. 그래서 하루는 그 아이에게 그렇게 힘들게 살지 않아도 괜찮다고 말해 주었다. 그렇게 사람들의 반응을 신경 쓰거나 애쓰지 않아도 충분히 인정받을 수 있다는 것을 알려 주었다.

주변에 보면 이 아이처럼 인정받고자 애쓰는 사람들이 너무도 많다. 그 인정 욕구 때문에 에너지를 너무 많이 소비하고, 사람들의 평가가 좋지 않으면 좌절감과 우울감을 느끼는 악순환을 겪는다. 나는 이런 사람들을 만날 때마다 "당신 모습 그대로도 충분히 인정받을 가치가 있다"라는 말을 해 주었다. 자녀가 부모에게 인정받기 위해 발버둥치지 않아도, 그는 존재 자체만으로도 이미 부모에겐 사랑스러운 자녀인 것이다. 그것은 내가 부모에게 어떤 존재인지를 알 때 자유해질 수 있다.

우리의 가치는 내가 주님 안에서 어떤 존재인가를 아는 데서 시작한다. 중요한 것은 나를 위해 죽으신 예수 그리스도가 있다는 사실이다. 무언가를 잘해야만 인정받는 게 아니라 그저 존재만으로도 사랑받을 수 있고, 귀하게 여김을 받을 수 있는 것이다. 자신을 바라보면 한없이 초라해 보일지 몰라도 하나님은 죄인인 우리를 구원하시고 끝없이 사랑하신다.

하나님께서는 성경을 통해 이토록 우리를 귀하게 여기고 사랑하신다고 수없이 말씀하시는데, 정작 우리는 자신을 어떻게 생각하고 있는가? 낮은 자존감은 결코 겸손이 아니다. 하나님의 말씀을 믿지 못하는 것이다. 아름다운 풍경은 그 아름다움을 느낄 수 있는 사람에게만 열리는 것처럼, 자신의 존귀함은 하나님의 사랑을 아는 자가 경험하는 것이다.

이 나이가 되면서 알게 되는 것은 하나님은 사람마다 모두 독특한 달란트를 주셨다는 것이다. 그런데 우리는 내가 가진 것보다 남이 가진 것을 더 좋게 보고 그것을 갖고 싶어 한다. 내가 가진 것에 만족할 줄 모르기 때문이다. 그래서 상대적 빈곤감에 부족함을 채우고자 애쓰지만, 그 빈 마음은 인간의 노력으로는 결코 채워지지 않기 때문에 마음이 고통스러운 것이다. 주님 앞에서는 내가 무엇을 가졌는지가 하나도 중요하지 않는데 말이다.

"I'm fine."

'나는 괜찮다'라는 고백이 있는가? 그리스도인이라면 '하나님 때문에 나는 만족한다'라는 고백이 있어야 한다. "여호와는 나의 목자시니 내게 부족함이 없으리로다" 하는 시편 23편 1절 말씀이 내 고백이 되어야 한다. 영어 성경에는 "여호와는 나의 목자시니 나는 아무것도 원함이 없다"(The LORD is my shepherd, I shall not be in want, NIV)라고 되어 있다.

나는 많은 걸 가지고 있어도 괜찮지 않은 사람들을 많이 보았다. 웃고 있어도 눈물이 난다는 말처럼, 겉은 괜찮은데 속은 공허함의 바람이 분다. 웃고 있는 우리의 가면 뒤에는 얼마나 외롭고 쓸쓸한 얼굴들이 많이 숨어 있는가.

무엇보다 자신이 어떤 존재인지를 모르는 사람들은 자꾸만 상대와 비교하려고 한다. 특히 그리스도인은 믿음 안에서 확실히 서 있지 않으면 위험하다. '나는 하나님의 사랑받는 자녀'라는 확신, 여기에서 우리 인생의 모든 가치가 시작된다. 그렇게 되면 내가 아니라 내 안에 계신 성령의 은혜가 모든 것을 할 수 있도록 인도해 주신다.

 # 하나님이 기다리라 하실 때는 기다려야 한다

미국에서 교회를 개척한 지 3년쯤 되었을 때였다. 나는 그날도 여느 때처럼 강대상 앞에서 무릎을 꿇고 기도했다. 그때 하나님께서 내 마음 가운데 분명한 음성을 들려주셨다.

"내가 너희를 세계무대로 옮길 것이다."

나는 좀 의아했다. 이미 우리 부부는 세계 각국을 돌아다니고 있지 않은가? 그런데 이 말씀은 또 무슨 뜻인지 궁금했다. 그날부터 남편과 나는 기도하며 하나님의 인도하심을 기다렸다.

그런데 6개월 뒤, 뜻밖의 연락을 받았다. 한국에 있는 명지대학교에서 남편에게 교수로 와 달라는 제의가 들어온 것이다. 그 대학에서는 일반대학 교수를 하면서 교목 실장을 겸임할 수 있는 목사로, 목회 경험이 3년 이상 된 사역자를 찾고 있었다. 그 자리는 8년 동안이나 공석이었다. 적임자가 없었던 것이다. 그런데 상담심리학 박사(Ph.D)와 신학 박사

학위를 갖고 있으면서 목회를 하고 있던 남편이야말로 그들이 원하는 적임자였다. 그것도 정확하게 우리가 미국에서 3년의 목회를 마칠 무렵 온 연락이어서 더욱 놀라웠다.

우리 부부는 이미 6개월 전에 하나님께서 무대를 옮기겠다고 하신 말씀을 들었기 때문에 이 제의가 하나님의 사인임을 알았다. 하지만 그때까지만 해도 우리 부부의 오랜 꿈은 미국에 살면서 정년퇴직 없이 평생 교수로 일할 수 있는 캘리포니아 주립대학교의 총장이 되는 것이었다. 우리는 이미 그 학교의 교수였고, 남편은 학교에서 처장을, 나는 유학생 담당을 맡고 있었기에 이런 좋은 조건을 놓고 한국에 간다는 것이 쉬운 결정은 아니었다. 게다가 우리 부부는 이미 30년 넘게 미국에서 살아왔기 때문에 가족과 친구와 오랜 삶의 터전을 두고 떠난다는 것은 몹시 어려운 문제였다.

우리는 이것이 정말 주님의 뜻인지 한 번 더 확인받고자 하나님께 기도했다. 그때 하나님께서는 "백지를 내놓고 기다리라"고 말씀하셨다. 영어로 정확하게 'stand by'라고 하시며 점도 획도 그리지 말고 대기하라고 하셨다.

나는 그동안 내가 하고 싶은 것들, 내 생각과 계획들을 미리 적어 놓고 이대로 해 달라고 하나님께 내밀었다는 것을 깨달았다. 집을 짓는다고 치면 '하나님, 창은 이런 모양으로 여기에 내 주시고, 지붕은 이런 식으로 만들어 주세요' 하는 것처럼 말이다.

물론 기도를 구체적으로 하는 것도 중요하다. 그러나 내가 지금 구하는 것이 하나님 뜻에 상관없이 내가 원하는 것을 달라고 떼쓰는 것은 아닌지 생각해 봐야 한다. 내 생각대로 그림 다 그려 놓고 이대로 해 달라고 요청하는 것은 기도가 아니라 떼쓰는 것이다. 나는 기와집을 그렸지만 하나님은 초가집이 맞다고 하실 수 있다. 그것은 일종의 훈련이다. 하나님께서 어떤 그림을 주셔도 '아멘' 할 수 있는 힘을 주시려는 것이다.

우리는 기도할 때 내 그림대로 이루어지면 응답받았다고 기뻐한다. 그러나 나는 어느 순간부터 그리 아니하실지라도 나에게 주시는 것을 그대로 따르는 순종을 배우게 되었다. 내가 원하는 대로 주지 않으셔도 가장 선한 것으로 주실 것이라는 신뢰가 생겼기 때문이었다.

하나님은 우리가 백지를 내밀고 기다리면 그 위에 직접 그림을 그리시겠다고 하셨다. 비록 우리가 갖고 있었던 계획들이 있었지만 하나님께서는 그것과 상관없이 당신만의 계획과 일들을 그려 나가겠다고 말씀하신 것이다. 그러니 우리가 할 일은 하나님께서 어떤 그림을 그리실지 기다리는 것이었다.

우리는 하나님의 인도하심에 무조건 순종하기로 각오하고, 미국에서의 꿈과 계획을 모두 내려놓고 한국으로 가기로 결정했다. 우리가 한국행을 결심한 것은 교수직 때문이 아니었다. 그 대학의 제의를 수락했던 가장 큰 이유는 복음을 전하고 영혼을 구원할 수 있는 교목 실장의 자리였다. 게다가 우리에게는 6개월 전 하나님께 받은 말씀이 있었다. 그것은 명예가 아니라 하나님의 종으로 가라고 하신 명령이었다. 그 말씀이 없었다면 우리는 가지 않았을지도 모른다. 남편과 나는 함께 기도

하면서 '우리는 십자가 군병이니 하나님께서 오라 하면 오고 가라 하면 가자'고 다짐했다.

1995년, 결국 하나님의 음성에 순종하여 우리는 35년간의 오랜 미국 생활을 접고 한국으로 돌아왔다. 그런데 한국에서의 생활은 마치 내가 미국에 처음 갔을 때와 똑같은 심정이었다. 그 사이 한국은 너무도 많이 변해 있었다. 모든 것이 낯설고 어려웠다. 미국을 떠나 새롭게 정착한 한국은 우리 가족에게는 그저 낯선 선교지였다.

한국에 온 첫해는 선교지에서 문화권에 익숙해지는 시간이 필요하듯이 달라진 한국 문화에 적응하는 시간이었다. 우리 부부에게 한국은 고국이었지만 떨어져 산 지 너무 오래되다 보니 적응하느라 많은 에너지가 소비되었다.

특히 우리는 상대방이 "식사 한번 해요"라고 말하면 꼭 지켜야 하는 약속이라고 생각했다. 그런데 아무리 기다려도 그 사람은 연락을 주지 않았다. 그제야 그 말이 그냥 지나가는 인사였다는 걸 알았다. 그들 가족과 함께 저녁식사 할 시간을 온 가족이 기다렸는데, 많이 허탈했다. 이런 경험들이 하나씩 쌓이다 보니 마음에 피로감이 몰려왔고, 그러는 사이 한동안 우울증이 오기도 했다. 하나님의 부르심을 따라 모든 것을 내려놓고 떠나왔지만, 이곳에서 살아 내는 현실은 너무도 버거웠다.

한국에 들어온 이후 남편은 명지대학교 교목 실장과 상담 교수로, 나는 다른 학교 상담 교수로 출강했다. 특히나 남편은 주중엔 교수로, 주말엔 영어 담당 협동목사로 학교에서 맡은 여러 보직을 감당하느라 일주일 내내 몸이 열 개라도 모자랄 정도로 바빴다. 남편은 출근하면 밤이 되어야 들어왔고 나는 홀로 우울한 시간을 보냈다. 당시 초등학생이었던 둘째 아들 조셉이 나에게 말했다.

"엄마, 우리 왜 한국에 왔어? 우리가 한국에 온 건 very very big mistake야."

미국 문화 속에서 살다가 갑자기 한국이라는 낯선 환경에 왔으니 힘든 건 아이도 마찬가지였다. 미국의 큰 집에서 마음껏 뛰어놀다가 어느 날 갑자기 한국의 작은 아파트에서 지내며, 친구도 없는 학교에 다니게 되니 자신도 나름대로 스트레스가 컸던 모양이다.

남편도 가족 모두가 힘들어하니 다시 미국으로 돌아가야 하나 고민을 했다. 특히 어린 자녀가 힘들어하는 모습을 보니 더욱 마음이 흔들렸다. 출근하는 남편의 어깨도, 학교로 향하는 아들의 발걸음도 무척이나 힘겹고 무거워 보였다. 다들 열심히 살고 있는데 마치 영혼의 어두운 밤을 걷고 있는 느낌이었다.

우리가 왜 한국에 왔을까? 나는 아들 조셉의 말을 떠올렸다. 그러자 정신이 번쩍 났다. 우리가 한국에 온 이유를 다시 떠올렸다. 하나님이 우리를 세계무대로 옮기겠다고 하셨고, 무엇보다 영혼 구원과 복음을 전하는 자리였기 때문에 온 것이 아닌가. 그 사명 때문에 모든 것을 내려놓고 한국에 왔는데 더 이상 이렇게 무기력하게 있으면 안 되겠다는 생각이 들었다.

그날 나는 밖에서 소리가 들리지 않도록 욕실 수도를 세게 틀어 놓고는 한참 동안 통곡했다. 오랜 무기력과 우울을 이제 끝내겠다는 결단이었다. 그렇게 실컷 울고 난 뒤에 나는 하나님이 우리를 보내신 것을 잊으면 안 된다고, 그 이유를 알기에 우리는 이 시간을 견뎌야 한다고 마음을 다잡았다.

기다림의 시간이란 힘들고 지루하기 마련이다. 그 시간이 길어질수록 지칠 수밖에 없다. 처음 품었던 마음들도 어느새 사라져 간다. 하지만 하나님이 기다리라 하실 때에는 기다려야 한다. 견디기 쉽지 않아도, 당장 눈앞에 펼쳐진 상황들이 우리의 마음을 조급하게 만든다 할지라도 기다려야 한다. 그것이 훈련이다. 아브라함이 기다리지 못하고 하갈을 통해 이스마엘을 낳았을 때, 그것이 얼마나 아픈 결과를 가져왔는지 생각해 봐야 한다. 밥을 지을 때도 급한 마음에 중간에 뚜껑을 열면 아무리 다시 익히려고 해도 맛이 나지 않는다.

어차피 하나님이 정하신 시간은 같다. 그 시간 동안 내내 동동거리며 있느냐, 아니면 우리의 시선을 하나님께 두고 기다리느냐는 다르다. 또한 무엇을 기다리는가, 누구를 기다리는가에 따라 같은 시간도 다르게 느껴진다. 나는 하나님의 일들을 기대하기로 했다. 그리고 나를 사랑하시는 그 하나님을 기다리기로 했다. 그 기다림의 끝에 하나님이 이루실 놀라운 일을 바라보면서 말이다.

하나님은
가장 좋은 것을
주시는 분이다

어느 날 기도하는 중에 하나님께서 그림 하나를 보여 주셨다. 깨끗한 흰 도자기였는데 자세히 살펴보니 여기저기 깨진 흔적이 있었다. 아마도 깨져 조각난 것들을 모아 다시 붙여 놓은 것 같았다. 파편들은 완벽하게 잘 붙어 있었다.

그런데 신기하게도 깨진 조각의 모양들은 각기 달랐는데, 저마다 이름이 적혀 있었다. 어떤 조각에는 '인내', 어떤 것에는 '충성', 또 어떤 것에는 '겸손', '양선', '온유' 등의 이름이었다. 나는 하나하나 그 이름들을 살펴보던 중에 도자기의 맨 윗부분에 딱 한 조각이 비어 있는 것을 발견했다. 모든 것이 다 정교하게 맞춰져 있는데, 어째서 이 부분만 비어 있을까 무척 궁금했다.

그때 하나님께서 내 마음에 중요한 한 가지를 깨우쳐 주셨다. 그 도자기의 조각들은 우리가 넘어지고 실수했었던 일들, 부끄러워서 숨기고 싶었던 순간들, 그리고 두려워했고 아파했던 모든 순간이었다. 이미 깨어져 쓸모없는 우리 인생의 조각들을 하나님께서는 하나도 버리지 않으시고 모두 모아 이어 붙여 주신 것이다. 그리고 조각마다 이름까지 붙여 주셨다. 그것은 곧 우리를 회복하시고 그리스도의 형상으로 만들어 가는 과정이라는 사실을 알게 해 주셨다. 그러기에 하나님 안에서 우리가 경험한 삶의 모든 순간들은 다 의미가 있다는 것을 깨닫게 하셨다.

그리고 그 도자기에 비어 있는 한 조각은 주님이 우리에게 주시고자 하는 영역이었다. 예를 들어 우리는 "하나님, 제가 꼭 성공할 수 있게 해 주세요. 유명해지면 예수님을 믿지 않는 사람들에게 복음을 전하기가 더 좋잖아요. 많은 사람들 앞에서 멋지게 주님의 이름을 알릴 수 있게 해 주세요"라고 기도할 수 있다. 그런데 주님께서는 "얘야, 내가 이미 너에게 복음이 필요한 사람들을 보냈잖니. 너의 가족과 친구들, 직장 동료, 동네에 있는 소외당하고 아픈 이들에게 먼저 복음을 전하기를 바란다"라고 하시면서 '작은 일에 충성'이라고 이름 붙은 깨진 도자기 조각을 우리 손에 올려 주신다. 그 조각으로 비어 있는 곳을 채울 수 있도록 말이다.

혹시 "하나님, 재정을 부어 주시면 그것으로 많은 사람을 섬기겠습니다" 하고 기도하는가? 하나님께서는 "지금 내가 너에게 바라는 것은 너의 곁에 있는 사람의 발을 씻겨 주는 섬김이란다"라고 하시며 '섬김'이라고 이름 붙은 도자기 조각을 우리 손에 올려 주실 것이다.

그동안 내 기도가 어떠했는지 다시 생각해 보았다. 주님을 위한다는

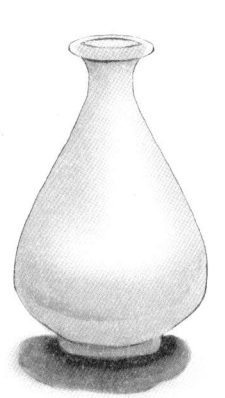

명목 아래 내가 바라는 것을 구한 것은 아니었나? 내가 원하는 대로 주시지 않으면 응답이 이루어지지 않았다고 여기지는 않았는가?

  하나님은 그 남은 한 조각을 각자의 도자기, 비어 있는 자리에 정확히 맞는 것으로 골라 주시는 분이다. 그런데 우리는 하나님이 주신 것이 싫다며 그 한 조각을 버리지는 않았는가? 그리고 내가 원하는 것, 내 눈에 보기 좋은 조각을 달라고 하나님께 계속해서 요구하지는 않았는가? 그러나 하나님은 우리를 만들어 가시는 과정 속에서 딱 맞는 그 한 조각을 주셔야만 도자기가 완성될 수 있다는 것을 이미 알고 계신다. 그렇기 때문에 우리에게 그 조각을 계속해서 주실 수밖에 없으셨던 것이다.

  우리가 이런 하나님의 뜻을 빨리 깨닫지 못한다면 똑같은 연단의 상황이 주어질 것이고, 그 훈련의 기간은 더 오래 걸릴 것이다. 또 만약 하나님께서 주신 것을 거부하고, 내가 원하는 모양을 가져다가 억지로 도자기에 맞춘다면, 억지로 끼워 넣은 그 조각 때문에 마지막 남은 공간을 제대로 채울 수 없을 뿐만 아니라, 결국에는 곁에 있는 다른 조각까지도 흠집이 날 수밖에 없을 것이다. 그렇게 되면 도자기는 완성되지 않을 테고 깊은 좌절감만 얻게 되지 않겠는가.

나는 도자기 그림을 통해 하나님은 우리가 잘되기를 가장 바라시는 분이시요, 우리의 아버지이심을 더욱 깊이 묵상하게 되었다.

> 너희 중에 누가 아들이 떡을 달라 하는데 돌을 주며 생선을 달라 하는데 뱀을 줄 사람이 있겠느냐 너희가 악한 자라도 좋은 것으로 자식에게 줄 줄 알거든 하물며 하늘에 계신 너희 아버지께서 구하는 자에게 좋은 것으로 주시지 않겠느냐 마 7:9-11

이 사실을 깨닫고 난 후 나는 기도하면서 주님의 뜻을 묻고 그것에 순종하는 삶을 시작하게 되었다. 자녀를 위해서도 "이 아이가 커서 무엇이 되게 해 주세요" 하고 기도하지 않는다. 그저 "주님이 보시기에 가장 좋게 인도해 주옵소서" 하고 기도할 뿐이다. 성공이나 세상적으로 높은 지위는 아무것도 아니다. 지금 여기에서, 내가 주님을 따르고 있는가를 돌아봐야 한다.

하나님께서는 그분의 계획과 뜻에 합당한 모습으로 성숙할 때까지, 지속적으로 그 조각을 우리 손에 올려 주시는 분이다. 그분은 절대 사랑하는 자녀들을 아무렇게나 내버려 두시는 분이 아니다. 우리 안에서 예수 십자가의 공로가 가장 가치 있게 열매 맺도록 우리를 끊임없이 이끄시는 분이다.

언뜻 우리의 모습을 보면 그리스도의 형상처럼 보일지도 모른다. 그러나 자세히 들여다보면 깨어지고 금이 가서 하나님의 사랑과 그리스도의 보혈의 은혜가 아니면 도저히 회복될 수 없는 모습이라는 것을 우리는 알게 된다.

우리는 하나님의 형상대로 창조되었다. 그런데 그 형상이 우리의 허물과 죄 때문에 훼손되고 깨어져 있다. 하나님의 형상을 회복한다는 것은 하나님과의 관계를 다시 회복하는 것이다. 그 일을 위해 가장 먼저 시작해야 할 일은 주님 앞에 다시 나아가야 한다. 예배를 회복하고 말씀 앞에서 자신의 모습을 대면해야 한다. 그 은혜가 그동안 우리의 삶을 무너뜨리고 하나님 앞에 나아가지 못하게 만든 여러 장애물들을 없애는 작업을 시작할 것이다. 하나님과의 관계가 회복되는 순간, 내 곁에 있는 이웃과의 관계가 회복되고, 나 자신과의 관계도 회복될 것이다.

사람들은 이미 깨어진 컵은 아무리 잘 붙여 놓아도 더는 사용하지 못하고 버려야 한다고 말한다. 컵이라는 사물은 그럴 수 있지만 하나님의 사람들은 다르다. 비록 한 번 깨어졌더라도 그리스도의 손길로 이전보다 더 단단하고 아름다운 관계로 회복될 수 있기 때문이다.

아무리 실패하고 넘어져도 하나님은 우리를 끝까지 포기하지 않으시며 회복시키시고 완성해 가신다. 지금 주님 앞에 무엇을 구하고 있는가? 주님이 우리 손에 올려 주시는 한 조각은 무엇인가?

아픔은 주님을 만나는 시간이다

한국에 온 지 6개월쯤 되었을 때, 분당에 있는 한 교회 목사님이 자신의 교회에서 부교역자로 사역해 줄 수 없냐며 나를 찾아왔다. 그 무렵 나는 송구영신 예배를 드리며 하나님이 맡기시는 일을 하겠다고 고백했던 터라 순종하는 마음으로 그 제안을 수락했다. 나는 여전도회 설교와 성도 280가정을 맡게 되었다.

그런데 2년 정도 사역을 하면서 너무 과로했던 탓인지 담낭이 터져버렸다. 갑자기 견딜 수 없는 통증이 시작되어 늦은 밤 급히 응급실로 달려갔는데, 의사는 복막염으로 의심되니 수술을 해 보자고 했다. 검사를 해 보니 이미 담낭이 터져서 액이 흘러나온 상태였다. 온몸에 내시경 기계를 달고 마취도 제대로 못 한 상태에서 이리저리 검사를 하는데 너무도 고통스러웠다. 예수님이 채찍에 맞으신 고통, 십자가에 달리신 고통을 그 순간 조금이나마 느낄 수 있었다. '주님 정말 아프셨겠구나' 하는 생각밖에 들지 않았다. 내 죄를 위해서 그토록 아프셨다니, 진심으로 십자가 은혜에 감사했던 순간이었다.

혈액 수치를 다 잡고 3일째 되는 날, 담낭 제거 수술을 마쳤다. 안 넘어가는 물을 억지로 먹는데 식은땀이 다 났다. 일주일 동안 속이 비어 있었으니 장기 속으로 물이 흘러 들어가는 소리가 다 들리는 것만 같았다. 교회에서는 금요철야예배에서 나를 위한 기도를 하고 있었다. 그때 나도 주님의 이름을 부르며 기도하고 있었다. 갑자기 머리끝에서부터 전류가 흐르는 것 같더니 내 배를 지나 발끝으로 빠져나갔다. 그러기를 한동안 반복하더니 곧 통증이 가라앉았다. 마치 거친 풍랑이 몰아치다 잔잔한 호수가 된 것 같았다. 그때 평강이라는 말이 어떤 것인지 알게 되었다. 나는 주님이 내 몸을 만지고 계시다는 것을 느꼈다.

나는 몸을 추스르며 몇 가지를 생각했다. 때로는 하나님께서 하라고 하신 일에 순종해도 우리는 어려움을 겪는다. 나 또한 하나님의 음성에 순종했지만 원하지 않았던 어려움을 겪은 적이 종종 있었다. 그때 나는 분명히 아버지의 뜻이 있다는 것은 알았지만, 그게 무엇인지 알 길이 없어서 힘들었다.

나는 아버지가 말씀하신 대로 다 순종했는데 왜 결과가 이런 거냐고, 왜 이렇게 아플 수밖에 없는 거냐고 물었다. 그때 하나님께선 나에게 더 좋은 것을 주시기 위함이라는 확신을 주셨다. 하늘에서 받는 상급은 자기 십자가를 지고 고난을 통과해야만 주어진다는 것을 깨닫게 하셨다. 그러나 그 십자가의 고난에는 반드시 주님이 함께하신다는 것도 알게 하셨다.

우리가 고난당할 때 함께하시는 하나님의 모습은 마치 초등학생이 운동회에서 달리기를 할 때, 경주 라인 밖에서 부모가 함께 달리며 목청껏 아이를 응원하는 것과 같다. 응원에 힘입어 목표 지점에 잘 도착하면 아이는 준비 된 상급을 받는다. 목이 터져라 응원했던 부모는 아이가 상급을 받는 그 모습에 기쁨이 넘친다. 그 부모의 모습이 바로 우리의 아버지이신 하나님의 모습과도 같다.

사실 고난 중에 있는 사람은 어떤 위로도 받아들이기 어렵다. 자식이 중병에 걸린 사람에게 "하나님의 뜻이 있을 것입니다"라는 말이 위로가 되겠는가? 아무리 그 말이 거부할 수 없는 진리일지라도 그 쓰린 마음을 다독이기는 어렵다. 고통 중에 있으면 "왜 이런 일이 나에게 왔는가?"라는 한탄 섞인 말이 나올 수밖에 없다. 그러나 생사화복이 하나님께로부터 있기에 하나님은 선하시다는 것이 우리의 믿음 위에 있기를 바란다.

하나님께서 우리에게 광야의 고난을 주시는 것은 우리가 하나님을 신뢰하는지 아닌지를 보기 위해서라고 말씀하셨다(신 8:1-6). 이것이 고난을 통과하는 우리에게 가르쳐 주고 싶으신 하나님의 뜻인 것이다.

이 세상에 고난이 없는 사람은 한 사람도 없다. 그 고난은 자신의 잘못 때문이기도 하지만, 때로는 아버지의 뜻 가운데서 허락되기도 한다. 그것은 하나님의 마음과 뜻을 깨닫게 해 주고 싶으신 하나님의 훈련인 것이다. 자신의 잘못 때문이라면 그것을 통해 자신을 돌아볼 수 있는 기회가 생길 것이고, 하나님의 훈련이라면 그것을 통해 하나님의 뜻을 발견하게 되니, 고난은 유익이다. 그러니 고난을 마주하게 될 때 우리는 하나님의 뜻이 무엇인지를 분별할 수 있어야 한다. 고난의 뜻을 깨닫지 못한다면 고난은 한낱 고생일 뿐이다.

나에게 있어 고난을 대처하는 공식은 하나님을 신뢰하며, 감사함으로 아뢰는 것이다. 그러면 우리의 마음과 생각을 지켜 주신다(빌 4:6-7). 그래서 나는 고난을 만나면 하나님이 이 고난을 통해서 나에게 무엇을 알게 하시려는 것일까, 이 고난의 메시지가 무엇일까 깊이 생각한다. 이 고난을 통해서라도 주님의 뜻이 드러나게 해 달라고 기도한다. 하나님께서는 우리에게 하늘의 상급을 주시려고 고난의 길을 허락하시고 또한 그것을 능히 이길 수 있는 힘과 은혜를 주신다.

어느 목사님의 설교에서 나는 하나님의 스타일을 발견한 적이 있다. 야구에는 "끝날 때까지 끝난 게 아니다"라는 유명한 말이 있다. 9회 말에도 승패는 충분히 역전이 가능하기 때문이다. 우리 인생도 그렇다. '이제는 정말 어쩔 수 없구나, 다 끝났구나' 생각하는 그 좌절의 순간에도 하나님이 끝내지 않으셨다면 그것은 아직 끝난 것이 아니다라는 말씀이었다. 나는 이것이야말로 하나님의 사랑법이라는 생각이 들었다. 우리가 지쳐 손을 놓아도 하나님은 결코 우리의 손을 놓지 않으시며, 우리가 포기해도 하나님이 아직 포기하지 않으셨다면 거기에는 여전히 소망이 있다.

비록 병원에 누워 있었지만, 아버지의 뜻을 알게 된 순간 내 아프고 힘들었던 마음이 순식간에 평강으로 가득 차기 시작했다. 아파서 흘리던 슬픔의 눈물은 기쁨의 눈물로 바뀌었다. 그렇게 내 아픔의 시간은 주님을 더욱 깊게 만나는 시간이 되었다. 주님과 함께 있다 보면 어느새 아픔이 감사가 되었다. 그러니 이 아픔 역시 나에겐 유익이었다.

수술을 받으면 통증이 잠시 나를 괴롭히지만, 회복된 후에는 수술의 흔적만 남고 통증은 사라진다. 그것처럼 하나님께서는 나를 고통의 순간마다 회복시키시고 위로하셨다. 그 후로 나는 고난의 순간들이 닥쳐와도 하나님의 선하신 뜻을 신뢰함으로 감사 기도를 드릴 수 있게 되었다.

신앙은 그래서 역설이다. 고난 중에 은혜가 넘치고, 슬픔이 춤이 되게 하신다. 이 모든 것은 우리의 믿음 성장을 위한 드라마다.

이 교회를
하나님이 설계하시고
완성하셨다

남편의 정년이 몇 년 남지 않았을 무렵, 하나님은 나에게 계속해서 교회 개척에 대한 마음을 부어 주셨다. 남편은 학교 사역만으로도 바빴고, 나 역시 개척이 쉬운 일이 아니라는 것을 알기에 망설여졌다. 또 그리 원하던 일도 아니었다. 하지만 기도를 할수록 하나님께서는 계속해서 교회 개척의 마음을 주시니 나도 어쩔 도리가 없었다.

2006년, 결국 우리는 한국에서 두 번째 목회를 시작했다. 아무런 준비도, 계획도 없었기 때문에 날마다 '무엇을 할까요?', '어떻게 할까요?'가 내 기도였다. 미국에서 3년간 사비를 털어 목회를 했기 때문에 가진 돈도 없었다. 그럼에도 하나님께서는 계속해서 헌신을 요구하셨고, 할 수 없이 우리 부부가 정년 후에 사용하려고 했던 퇴직금을 개척하는 데 모두 사용했다.

처음엔 그러면 우리는 앞으로 어떻게 사나 싶었지만 이내 그런 질문은 하나님과 우리 사이에 의미가 없다는 걸 알았다. 이제까지 인도하신 주님을 믿고 오직 순종하며 따르기로 했다.

내가 본격적으로 사도행전의 훈련을 받은 것은 교회를 개척할 때부터였다. 어디에 개척을 할지 주님께 물었을 때 아래쪽 기흥으로 내려가라고 하셨다. 나는 기도하며 동탄, 기흥 주변의 건물과 상가들을 알아보니 가격이 너무 비싸 엄두를 낼 수 없었다. 그런데 하루는 하나님께서 교회를 위한 건물이 준비되었다고 말씀하셨다. 나는 건물은 상가보다 더 비싼데 어떻게 건물을 얻는단 말인가 싶었지만 일단 기다려 보기로 했다.

며칠이 지나서 집으로 돌아오는 길에 나는 기흥 끝자락에 있는 하얀 단독 건물을 우연히 보게 되었다. 그 건물에는 '임대'라는 안내문이 붙어 있었다. 300평 정도 되는 땅에 건물이 지어져 있는데, 교회로 꾸미면 아주 좋을 것 같아 보였다.

나는 만약 이곳이 주님이 예정하신 곳이라면, 주인과 통화할 때 계약이 순조롭게 진행되게 해 달라고 기도했다. 그리고 곧바로 전화를 걸었는데, 알고 보니 그 건물의 주인이 교회 장로님이었다. 우리가 교회로 쓰겠다고 하니 흔쾌히 받아 주었고, 계약도 일사천리로 진행이 되었다.

내부 인테리어를 하는 것도 고민이었다. 그런데 안수집사인 현장 소장님을 소개받았다. 그는 직접 인부 대여섯 명을 데리고 나와 함께 공사를 시작했다. 인테리어 전문가가 아닌 내가 할 수 있는 일은 단지 기도뿐이었다. 우리는 설계도가 없으니 하나님이 디자인을 해 달라고 기도하며 성령님의 지혜를 구했다. 결국 우리는 설계도 한 장 없이 날마다 기도하면서 주님이 주시는 지혜대로 공사를 진행했다.

특별히 이 교회를 시작하라고 말씀하신 이후부터 하나님께서는 마치 성경에 나오는 성막을 짓듯 모든 자재 하나, 물품 하나하나를 하나님의 사람들을 통해 채우고 만들어 가셨다. 더 놀라운 것은 일면식도 없는 분의 도움이었다. 어느 날 우리 공사 현장을 지나가시던 한 여자 분이 잠시 기웃기웃 하더니 안으로 들어왔다. 여기에 뭐가 들어오는지 궁금했던 모양이었다. 내가 교회가 세워질 거라 말했더니 그러면 자신이 이 교회에서 사용할 차를 기증하겠다고 말해 주었다. 그분은 인근에서 식당을 운영했는데, 자신이 쓰던 12인승 중고차를 아무런 연고도 없는 우리에게 선뜻 기증해 주었다.

아직 성도도 없고, 공사도 끝나지 않은 교회인데 하나님은 성격도 급하시게 차부터 공급해 주셨다. 나는 이게 무슨 일인가 싶었다. 알고 보니 그분도 교회 권사님이었다. 그 권사님은 차뿐만 아니라 여러 방면으로 도움을 주었다. 언제든지 근처에 있는 자신의 집 화장실도 사용할 수 있도록 해 주고, 더운 여름에 수박과 물을 챙겨 공사 현장을 섬겨 주었다. 구하지도 않았는데 우리를 격려해 주기 위해 보내신 하나님의 천사 같았다.

또한 우리의 개척 소식에 많은 분들이 악기며 집기들을 사랑으로 헌물해 주었다. 그중에서 IMF 당시 남편을 잃고 혼자 가정을 책임지며 두 딸을 힘들게 키워 온 집사님이 기억에 남는다. 집사님은 복음을 전할 때

쓸 마이크를 사는 데 사용해 달라고 헌금해 주었다. 그 마이크를 통해서 하나님의 복음이 멀리 멀리 퍼져 나갔으면 좋겠다고 하면서 말이다. 나는 지금도 그 마이크를 떠올리면 목이 멘다. 나는 그 마이크를 잡을 때마다 복음을 선포함에 있어 부끄럽지 않기를 점검하고 또 점검하곤 했다.

교회를 개척하며 하나님께서는 하나님 나라의 영광을 위해서 누군가는 꼭 쓰시는데, 하나님을 신뢰하며 기쁨으로 순종하는 신실한 자들을 찾고 계시다는 것을 알게 되었다. 사랑하는 자들에게 상급과 복을 주시기 위해 "내가 이번에는 누구에게 맡길까? 누구를 통해서 일할까?" 하시며 한 사람을 찾으시는 것이다.

교회를 개척한 곳은 지정학적으로 보면 도저히 부흥이 될 수 없는 장소였다. 교회로 들어가는 골목도 비좁고, 사람들이 많지 않은 외지고 한적한 동네였다. 그러나 신기하게도 하나님께서는 첫 예배 이후, 누가 찾아올까 싶은 그 외진 곳으로 귀한 성도들을 한 명씩 보내 주시기 시작했다.

개척한 뒤 피아노는 있으나 반주자가 없어서 반주 기계를 틀어 놓고 찬양을 불렀다. 그런데 새로 산 반주기가 문제였는지, 아니면 조작하는 내가 문제였는지 반주가 빨랐다 느렸다 제 맘대로였다. 결국 피아노와 새로 산 반주기는 잘 모셔 둔 채 성도들은 손뼉을 치며 찬양을 드렸다.

그런데 몇 주가 지났을 무렵부터 반주를 맡아서 해 주겠다는 성도들이 찾아왔고, 외국에서 유학까지 마친 찬양 사역자가 이 작은 교회를 섬기겠다고 왔다. 그러다 보니 개척교회에 전문 실력을 가진 찬양 사역자가 예배를 인도했고, 반주자는 네 명이나 되었다.

또한 매일 새벽예배를 위해 3시 30분부터 주님을 대하듯 교회 구석구석을 틈만 나면 닦고, 이름도 빛도 없이 자신의 맡은 일을 성실히 책임지던 집사님이 계셨는데, 그분이 정년퇴임 후 우리 교회의 사찰을 맡아 주었다. 그 집사님은 교회 한쪽 땅에 상추, 고추, 가지 등 갖가지 농작물을 심어 그것으로 언제나 풍성한 식탁을 만들어 주었다.

이 모든 일들이 믿어지는가? 하나님은 믿고 순종하는 자에게 복을 주시며, 공급하실 때 넘치게 주시는 분이셨다. 나는 하루하루 채워지는 교회의 그림 속에서 어떻게 이런 일이 가능한가, 그저 일어나는 일들을 바라보며 놀라고 감사할 뿐이었다. 지금 생각해도 너무나도 신기하고 놀라운 경험이었다. 매일 주님이 하셨다는 증거를 보여 주셨고, 우리가 내려놓으면 하나님이 직접 일하신다는 것을 모든 과정에서 체험하게 하셨다. 우리가 순종으로 시작한 이 교회는 완벽하게 하나님이 설계하시고 완성하셨다.

나는 개척의 과정을 통해 분명하게 깨닫고 고백하게 되었다. 하나님은 살아 계시며, 순종하는 자를 통해 일하신다. 또한 하나님께서는 나에게 보여 주고 싶으셨던 것 같다. 사도행전은 지금도 진행되고 있으며 모든 시작과 과정, 그리고 결과는 하나님께서 책임지고 이루신다는 사실을 말이다.

개척교회
성공 비결은
하나님이다

개척한 지 1년쯤 되었을 때에 어떤 전도사님이 나를 찾아왔다. 그의 부모님은 불신자로 우리 교회 건너편 아파트에 살고 있었는데, 어느 날 아버지가 우리 교회에 한번 가보고 싶다고 하시며 어머니와 함께 예배를 드렸고 했다. 아버지는 그날 교인들과 점심식사도 하시고 한참을 교제를 나누고 가셨는데, 그 이야기를 아들인 전도사님에게 하셨던 모양이었다. 아들은 그 이야기를 듣고 매우 기뻐했고, 어떤 교회인지 보고 싶어 직접 찾아와 봤다고 이야기했다.

그러면서 그는 우리 교회에 오기 전에 꾸었다는 꿈 이야기를 해 주었다. 어느 교회의 강대상에서 여자 목사가 설교를 하고 있었는데 그 설교를 들으며 큰 감동을 받았다는 것이다. 평소에 꿈을 자주 꾸는 사람이 아닌데 그날의 꿈이 너무도 생생하여 도대체 무슨 꿈인지 조금은 어리둥절했다고 한다. 그리고 아침에 부모님을 만나러 갔는데 아버지께서 지난

번 다녀온 우리 교회에 대해서 이야기하시면서 "여자 목사님 설교가 너무 좋았다"고 하셨다고 한다. 그 말을 듣고는 자신이 꾼 꿈이 생각난 것이다. 혹시 꿈에서 본 그분인가 싶어 나를 찾아오게 되었다고 했다.

그는 목회연구소에서 일하고 있었는데, 당시 전국 수백 개의 개척교회를 찾아다니며 성공 사례와 실패 사례를 조사, 연구, 분석하는 프로젝트를 하는 중에 있었다. 목회연구소에서는 수많은 조사와 연구 과정을 통해 교회가 어떻게 하면 성공할 수 있는지, 어떻게 하면 실패하게 되는지 다섯 가지 요인을 정리 중이라고 했다. 그는 자신의 노트북에 한국의 성공한 개척교회 150개의 사례가 기록이 되어 있다고 자신 있게 말했다.

나는 그에게 목회연구소에서 분석한 '개척교회가 성공하기 위한 다섯 가지 요인'이 무엇인지 물어봤다. 그의 대답은 이랬다. 첫째, 큰 교회에서 부목사로 사역하다가 재정과 인적 자원이 기본이 되어 개척한 교회가 성공 확률이 높다. 둘째, 아파트가 많은 지역과 같은 좋은 입지 조건에서 개척한 교회가 성공 확률이 높다. 셋째, 말씀이 아주 특별하게 좋은 교회가 성공 확률이 높다. 넷째, 제자 훈련이나 프로그램이 좋은 교회가 성공 확률이 높다. 다섯째, 지역 사회와의 연결 고리를 잘 만든 교회가 성공한다.

그러면서 그는 이 교회를 조사하려고 온 것은 아니지만, 자신의 아버지의 이야기를 듣고 궁금해졌다고 했다. 보수적 교단에서 배우고 사역하고 있다 보니 아직은 여자 목사가 편치는 않지만 이 교회가 개척한 지 1년 만에 성공적으로 자리잡은 비결이 무엇인지 듣고 싶다고 말했다.

그는 노트북을 열면서 나에게 몇 가지 질문을 했다.

"목사님, 어떤 계기로 이곳에 교회를 개척하시게 되었나요? 특별히 이곳에 교회를 개척하신 이유는 무엇인가요? 누구와 함께 교회를 시작하셨나요? 1년밖에 안 됐는데 어떤 프로그램을 하고 있기에 교인들이 많이 모이고 자립하는 교회로 성장할 수 있었나요?"

그는 잔뜩 기대하는 눈빛을 보내며 내 대답을 받아 적기 위해 준비하고 있었다. 나는 전도사님의 질문을 듣고 솔직하게 있는 그대로 대답했다.

"저는 아무것도 한 것이 없습니다. 주님이 하셨습니다. 주님이 개척하라고 하셔서 했고, 주님이 이 자리라고 말씀하셔서 이곳에 했습니다. 개척 멤버는 한 명도 없었습니다. 특별한 프로그램도 없습니다. 보편적인 성경공부와 제자훈련 과정을 하고 있습니다. 저는 하나님의 말씀에 순종만 했을 뿐 모든 것을 이루신 분은 주님이셨습니다. 개척해서 성공해야겠다는 생각은 처음부터도 없었고 지금도 없습니다. 다만 나는 날마다 주님께서 무엇을 원하시는지, 그리고 어떻게 하면 좋을지를 물어봅니다."

이 대답에는 거짓도 꾸밈도 없었다. 나는 매순간 기도하며 주님의 뜻을 알아 가고, 순종하기를 반복했다. 매일 새벽예배가 끝나고 나면 강대상 앞에 남아 세 시간 이상 기도했다. 주님께 묻고 말씀대로 순종하는 것이 나에게는 최선이었다. 그 기도와 순종의 시간이 내 마음을 가장 많이 쏟는 시간이었고, 그것이 개척하는 과정의 핵심이었다. 주님을 믿으며, 주님의 뜻에 순종하며 기도한 것밖에는 아무 할 말이 없다고 그에게 말해 주었다.

무언가를 받아 적으려고 준비했던 그는 당황한 얼굴로 한동안 나를 바라봤다. 아마도 그동안 목회연구소에서 분석했던 일반적인 성공 요인들과는 사뭇 달랐기 때문이었을 거라 짐작한다. 그런 전도사님을 보며 나는 한 가지만은 분명하다는 것을 다시 말해 주었다. 나는 아무것도 한 것이 없다는 사실이었다. 그저 성경에 나오는 사도행전의 믿음을 따라갔을 뿐이라고 말이다. 세상에서 맞다고 하는 방법을 의지하지 않고, 사도행전에 나오는 제자들의 믿음과 방법처럼, 하나님의 뜻이 무엇인지 언제나 주님께 물으며 성경의 말씀만을 따라가려고 했다는 것을 말이다.

나는 그에게 교회를 세우는 과정 속에서 함께하신 하나님의 영광과 은혜를 전해 주었다. 내 이야기가 끝나갈 즈음, 그의 눈에서 눈물이 고이는 것이 보였다. 잠시 후 그는 조용히 노트북을 덮었다. 그리고 그제야 비로소 나를 찾아온 목적을 솔직히 털어놓았다.

그는 목회연구소에서 개척교회 사례를 연구해 오면서 자신이 개척을 하면 누구보다도 목회를 잘할 수 있다고 생각했다고 한다. 모든 성공 사례와 개척 노하우를 다 가지고 있으니 어떻게 하면 성공하고, 어떻게 하면 실패할 것인지 잘 알고 있다고 자신했기 때문이었다. 또한 자신만은 세상의 방법, 물질, 사람과 타협하지 않고 하나님의 방법으로 정석을 지키며 해낼 수 있다고 자신했다. 하지만 최근 개척을 준비하면서 자신도 모르게 물질과 타협하는 스스로를 발견하면서 좌절감에 시달렸다고 했다. 그래서 하나님께 진짜 자신이 가야 할 길로 인도해 달라고 간절히 기도하던 중 오늘 나를 만나게 된 것이라고 말했다.

그는 나와의 대화를 통해서 진정한 교회가 세워지려면, 모든 것을 하나님께 온전히 맡기고 기도하며 순종하는 것이 가장 중요하다는 것을 알게 되었다고 했다. 낙심 가운데 큰 위로를 받았으며 자신도 성령을 의지하며 하나님의 방법으로 해 보겠다고 결심했다. 나는 그의 고백을 들으며 하나님을 찾고 구하는 사람들에게 분명한 길을 알려 주시고 선하게 인도하시는 하나님께 감사를 올려 드렸다.

그리고 나는 마지막으로 그에게 목회에 있어서 기도 훈련이 갖는 중요성에 대해서 조언해 주었다. 기도 훈련은 하루에 한 시간 피아노를 친 사람과 세 시간 연습한 사람이 결코 같을 수 없는 것과 같다. 기도의 양이 채워지는 시간이 필요한 것이다. 그것은 주님 안에서 교제하는 시간이 더 필요하다는 뜻이기도 하다.

주님 앞에 엎드리는 시간을 길게 가져야 한다. 그것을 주님이 불쌍하게 보시는 것이다. 매일 몇 시간이고 엎드려 있는 사람을 볼 때 더 긍휼한 마음이 들지 않겠는가? 귀찮을 만큼 밤이고 낮이고 매일 재판장 앞에 찾아오던 과부의 이야기처럼 말이다. 하나님을 두려워하지 않던 재판장도 밤낮없이 찾아와 요청하는 과부의 등살에 못 이겨 그녀의 원한을 풀어 주지 않았던가! 불의한 재판장도 그리할진대 하물며 하나님께서 밤낮 부르짖는 자녀들의 기도를 외면하실 리 없다. 그러니 낙심하지 말고 기도해야 한다(눅 18:1-8).

하지만 우리의 기도는 자신이 하고 싶은 말, 원하는 것을 다 쏟아 내고는 주님이 말씀하시는 것을 기다리지 않는다는 데 있다. 그러나 기도는 하나님의 영광이 나타나도록 해야 한다. 하나님이 하실 수 있도록 준비하고 기다려야 하며 그분의 이야기를 들을 자세로 임해야 한다.

많은 개척교회 목회자들이 현실에 급급해 어떻게 하면 빨리 자리잡을 수 있을까 하여 세미나들만 많이 쫓아다닌다. 하지만 좋은 방법을 도입해 잠시는 반짝할 수 있겠으나 정말로 필요한 것은 기도다. 아무리 좋은 세미나에 참석해도 기도하지 않으면 아무 일도 일어나지 않는다. 우리가 할 일은 기도뿐이며, 그 일은 하나님이 이루어 가신다. 기도의 끈을 놓치면 길을 잃고 만다.

나는 미국에서 그랬던 것처럼 한국에서도 목회에 대한 방향은 오직 영혼 구원으로 모든 초점을 맞췄다. 착하고 선한 일은 영혼 구원을 위한 일이다. 교회가 그것을 놓친다면 그저 다른 NGO와 다를 바가 없다.

나는 성도들과 매주 노방전도를 나갔다. 전도의 목적은 우리 교회에 오게 하는 게 아니라 그 지역의 가까운 교회에 나가도록 인도하는 것이었다. 그들이 우리의 전도를 통해 자신이 사는 주변 교회에라도 나가게 된다면 우리의 사명은 다한 것이다. 나는 성도들에게도 프로그램보다 주님을 깊이 일대일로 만나는 것과, 말씀 안에서 순종하는 삶을 살도록 가르쳤다.

하나님은 우리가 주님을 믿고, 주님의 말씀에 순종하면서 따라가는 것을 원하신다. 하나님께서는 성령님을 통하여 우리가 해야 할 일이 무엇인지 알려 주시고, 인도하시며, 도우신다. 우리 한 사람 한 사람이 바로 교회이며, 그 교회를 세우는 일의 주체는 바로 하나님이시다(마 16:18).

하나님께서 우리의 마음을 달아 보신다

한국에 있으면서 나는 기도원에 자주 다녔다. 사람들은 기도원에 간다고 하면 뭔가 절박한 문제가 있는가 보다 생각하기 마련인데, 물론 그런 날들에도 가겠지만 나는 대부분 주님과의 친밀한 만남을 위해 가곤 했다. 또 기도원 가는 길은 보통 산이나 강을 끼고 있기 때문에 오고가는 길에서 만나는 자연을 통해 쉼을 얻기도 하다 보니 시간이 될 때마다 기도원을 찾았다.

선교지로 나가기 전의 일이다. 고난주간을 맞아 금식기도를 하기 위해 기도원에 갈 준비를 했다. 3일정도 머물 생각에 새벽부터 몸도 마음도 분주했다. 고3이 되는 아들 도시락을 싸고, 집안일도 정리했다. 그리고 집을 나오면서 눈앞에 보이는 작은 손가방에 급하게 소지품을 담아서 나왔다.

그런데 기도원에 도착해 숙소에서 짐을 풀다 보니 손가방 속에 반지가 하나 들어 있었다. 아마도 오래전에 그 가방에 넣어 두고 까맣게 잊고 있었던 것 같다. 나는 순간 이것을 어떻게 해야 하나 망설였다. 값이 좀 나가는 물건이었던지라 방에 두자니 어쩐지 안심이 안 되고, 그렇다고 자동차에 두자니 그것도 마음에 걸렸다. 고민하던 끝에 반지를 바지 주머니에 넣고 예배당으로 올라갔다.

오후 예배를 드리기 위해 안으로 들어갔을 때 한 전도사님이 내 눈에 들어왔다. 그분은 지난번에 내가 이곳에서 금식하며 기도할 때, 나를 위해 기도해 주었던 분이다. 눈인사만 살짝 하고 예배를 드리려 앉았는데, 하나님께서 나에게 그 사역자에게 선물을 좀 주라는 마음을 주셨다. 헌금 말고는 마땅히 가져온 것이 없는데 어쩌나 싶었는데, 문득 지갑에 있는 상품권이 생각났다. 얼마 전 아는 분에게서 받았던 10만 원짜리 상품권이 그대로 들어 있었다.

다음 날 아침 설교가 끝나고 헌금 시간이 되었을 때, 마침 그 전도사님이 내가 있는 쪽 헌금위원을 맡고 있었다. 나는 전도사님이 내 앞에 왔을 때 헌금을 한 후, 얼른 다른 주머니에서 상품권을 꺼내 전도사님 자켓 주머니에 넣어 드렸다.

예배가 다 끝나고 잠시 화장실에 들렀다. 그런데 주머니에 있던 반지가 사라져 버린 것이다. 분명 예배가 시작되기 전에 바지 주머니에 넣고 들어갔는데, 아무리 생각해도 어디서 어떻게 잃어버렸는지 알 수가 없었다. 나는 주변을 살펴보고 방석을 들추며 이리저리 찾아봤지만 반지를 찾을 수 없었다. 아무래도 헌금 시간에 주머니에서 상품권을 꺼낼

때 떨어진 것 같았다. 고민하다가 결국 사무실에 가서 반지를 잃어버린 사정을 설명했다. 하지만 직원은 난감한 표정을 지었다. 그 반지를 주운 사람이 있다면 벌써 기도원을 떠나고 없을 것이라고 했다. 그러면서 혹시 모르니 주변 경찰서에 신고를 해 보라고 권했다.

그 말을 듣고 나니 머리가 더 복잡해졌다. 기도원에서 일어난 일을 경찰서에 가서 뭐라고 신고할 것인가? 그렇게 한다고 정말 찾을 수나 있을까? 결국 나는 고민 끝에 반지 찾는 것을 포기하고 하나님께 기도하기로 결정했다.

나는 그 길로 예배당에 올라가 이 반지 사건을 통해 하나님께서 나에게 무엇을 알려 주시기를 원하는지, 내가 회개할 것이 무엇인지 성령님께 물으며 기도하기 시작했다. 그때 성령님께서 나에게 두 주인에 대한 말씀을 생각나게 하셨다.

한 사람이 두 주인을 섬기지 못할 것이니 혹 이를 미워하고 저를 사랑하거나 혹 이를 중히 여기고 저를 경히 여김이라 너희가 하나님과 재물을 겸하여 섬기지 못하느니라 **마 6:24**

고난 주간 십자가에서 죽으신 예수님을 생각하며 금식기도를 하겠다고 기도원에 와서는, 반지를 잃어버리면 어쩌나 전전긍긍했던 내 모습이 주님께 너무도 송구스러웠다. 나도 모르는 사이, 내 안에 두 주인을 섬기는 마음이 자리하고 있었던 것을 알았다. 나는 물질 앞에서 불안해하며 갈등했던 내 모습을 철저히 회개했다. 이 일로 하나님과 물질, 두 주인을 함께 섬길 수 없다는 것을 나는 더욱 절감하게 되었다.

반지는 이미 내 손을 떠났다. 이 기도원에는 형편이 어려워서 자살하려는 사람도 있고, 돈이 필요해 금식하며 우는 이들도 있을 텐데, 만약에 그들이 이 반지를 주웠다면 그것도 아버지가 응답하셨다고 생각겠으니 아버지의 방법으로 그 물질이 위로와 힘이 되게 해 달라고 기도했다. 그러나 또 만약에 하나님이 사랑하는 자가 그 반지를 주웠는데 탐심 때문에 주인에게 돌려주지 않는다면 하나님 앞에서 죄를 범하는 것이니, 그를 돌이켜 범죄하지 않도록 반지를 다시 돌려보내게 하셔서 아버지의 영광을 나타내 주시길 기도했다. 그러니 나는 반지가 돌아와도 감사하고 돌아오지 않아도 감사할 뿐이었다.

회개와 감사의 기도를 드리고 나니 내 안에 기쁨이 충만해졌다. 입에서는 쉼 없이 감사의 고백이 흘러나왔다. 물질을 잃어버리고도 믿음의 기도를 할 수 있어서 감사했고, 내 안에 깨어졌던 평강이 말씀으로 다시 회복되어 감사했다. 나는 그 자리에서 세 시간이 넘도록 계속해서 감사기도만 올려 드렸다. 그리고 그 반지가 혹시라도 돌아온다면 그것을 힘겹게 사역하시는 개척교회에 드리기로 서원했다.

그런데 몇 시간 후, 내가 상품권을 드렸던 전도사님이 오셔서 조용히 쪽지를 하나 건네주고 가셨다. 선물 주신 것 감사하다는 내용과 함께 연락처를 남겨 달라고 적혀 있었다. 그리고 집으로 돌아오는 중에 그분에게서 전화가 왔다. 어젯밤 청소를 하던 중에 반지를 찾았다는 것이다.

너무도 뜻밖이었다. 전도사님을 만나러 막 나서려는데 하나님은 내게 그분에게 줄 돈을 준비하라고 하셨다. 무슨 일인가 싶었지만, 없는 형편에 박박 긁어모아 100만 원정도 마련해 그분을 만나러 갔다.

만난 자리에서 나는 반지 때문에 불안해하고 갈등했던 마음, 그리고 하나님께 받은 두 주인에 대한 말씀과 감사 기도 이야기까지 모두 나누었다. 그러자 내 이야기를 조용히 듣고 있던 전도사님은 눈물을 흘리며 자신의 이야기를 털어놓았다.

"하나님께서 우리 두 사람에게 뜻하신 바가 있으셨네요. 사실 저는 지금 집안 형편상 돈이 매우 필요한 상황이었습니다. 그런데 그날 반지를 줍고 나서 밤새 힘겨운 싸움을 했습니다. '아무도 모르니까 그냥 팔아서 쓸까? 아니야, 주인에게 돌려줘야지.' 이렇게 간절함과 탐심이 뒤엉켜 저를 괴롭혔습니다. 하지만 결국 하나님 앞에서 이건 아니라는 생각에 전화를 드렸습니다. 그런데 말씀을 들어 보니 하나님께서 밤새 제 마음을 달아 보셨다는 것을 알게 되었습니다."

나는 그 말을 듣고 하나님께서 내 기도에 정확하게 응답하셨다는 것을 알았다. 그리고 우리가 유혹을 이겼을 때 하나님께서는 다른 방법으로 채워 주시는 것도 보게 되었다.

이 반지 사건은 나에게 큰 훈련이 되었다. 이 일은 우리가 하나님과 물질 사이에서 무엇을 더 사랑하는지 보시기 위해, 처음부터 끝까지 성령 안에서 하나님께서 행하신 놀라운 일이었다. 또한 믿음으로 물질의 유혹을 이길 수 있도록 인도하신 하나님의 은혜와 축복이었다.

우리에겐 항상 '두 주인'을 섬기는 문제가 걸린다. 물질에 대한 유혹은 쉽게 떨쳐 내기가 어렵다. 그러나 하나님보다 물질이 내 마음에 크게 자리잡고 있으면 우리는 물질의 노예가 되고 마는 것이다. 하나님은 우리에게 얼마든지 물질을 주실 수 있는 분임을 잊지 말아야 한다. 그 하나님께 감사함으로 나아갈 수 있는 믿음은 돈으로 살 수 있는 것이 아니다. 물질과 주님을 놓고 보았을 때, 상황적인 부분에 초점을 두는 것이 아니라 주님이 주시는 진정한 축복이 무엇인지를 바라봐야 한다.

대부분 힘들게 산 사람들은 물질에 대한 부분을 잘 내려놓지 못한다. 너무 절박했고, 돈 때문에 상처받았던 아픈 기억과 두려움 때문이기도 하다. 그러나 주시는 분도 하나님이시요, 가져가시는 분도 하나님이심을 기억해야 한다. 신앙은 우리 시선을 하나님께 두는 것이다. 하나님이 책임지신다는 것에 대한 전적인 신뢰가 있어야 한다.

하나님은 나를 선교사로 내보내시기 전, 물질에 대한 훈련을 철저히 하셨다. 어떤 상황에서도 물질을 하나님보다 앞세우지 않도록 하신 것이다. 그 훈련의 시간 동안, 하나님 안에 있으면 구하지 않은 것까지도 채우신다는 것을 무수히 경험했다. 나는 이제 두 마음을 품지 않기 위해 주님께 모든 것을 맡기기로 마음을 정했다. 그래서 모든 것을 염려하지 않고 감사함으로 구한다. 그렇게 기도하고 난 뒤에 나는 하나님이 어떻게 하실지 기대하며 지켜본다. 기도해 놓고도 될까, 안 될까, 해 주실까, 안 해 주실까 의심하며 문제를 끌어안고 걱정하는 것은 주님을 무시하는 것이다.

모든 상황 속에는 하나님의 크고 비밀한 계획들이 숨겨져 있다. 하나님은 우리의 상황과 마음을 다 알고 계시고, 또 그 일을 통해 친히 하나님의 뜻을 가르치시고 깨닫게 하시며 우리의 믿음을 더하게 하신다. 우리 안에 어떤 문제가 있더라도 그것 때문에 낙심하거나 두려워하지 않아도 된다. 문제를 통하여 일하시는 하나님을 바라보고, 그 문제 속에 숨겨져 있는 하나님의 뜻을 신뢰하며 감사로 나아갈 때, 하나님께서는 우리를 가장 선한 길로 인도해 주실 것이다.

아무것도 염려하지 말고 다만 모든 일에 기도와 간구로, 너희 구할 것을 감사함으로 하나님께 아뢰라 **빌 4:6**

지나친 불안과 걱정은 우상숭배다

나에겐 사랑하는 두 아들이 있다.

큰아들 윤영이는 그야말로 모범생이다. 9시까지 돌아오겠다고 하고 집을 나가면 그 아이는 1분 전에는 집에 도착한다. 기숙사 생활을 하다가 금요일에 집으로 오면 주말 계획표를 짜서 그대로 지키고 다시 학교로 돌아갈 정도다. 모든 일을 스스로 알아서 하고, 부모 속을 썩인 적인 없다. 고등학교 시절엔 웅변 대회에 나가서 대학생들을 제치고 1위를 차지해 당시 LA타임즈에 실리기도 했다. 현재 미국에서 변호사로 활동 중인 윤영이는 할아버지의 피를 물려받아서인지 타고난 변호사의 모습을 보여 준다. 다만 선교사 자녀로 살면서 혼자서 너무 잘하는 것이 고맙기도 하고 때론 미안하기도 했다.

둘째 아들 조셉의 상황은 조금 다르다. 나는 이 아이가 건강하게 지내고 있는 것만으로도 감사하고 또 감사하기만 하다.

기한을 다 채우지 못하고 나온 아들 조셉은 어린 시절부터 병치레가 잦아 늘 걱정 속에 기도로 키웠다. 우유를 80그램 이상 먹은 적이 없었고, 그마저도 먹으면 코로 다 토했다. 횡경막이 자동으로 닫혀야 하는데 그 기능이 제대로 되지 않아 기침을 하면 먹은 것이 다 올라왔다. 밤새 잠을 이루지 못하고 먹으면 먹은 대로 다 토해 내는 아이를 보며 부모로서 너무도 안타까워 참 많이도 울었다.

내가 힘든 것은 감당할 수 있는데, 혹여 나를 연단하기 위해 아이가 볼모로 잡힌 건 아닌가 싶어 너무 미안했다. 그래선지 나는 자녀 앞에서 약해지는 경향이 있었다. 그런 나에게 하나님은 자식이 내 우상이었음을 깨닫게 하신 일이 있었다.

한국에 들어온 지 3년쯤 되었을 무렵이었다. 어느 날 하나님께서는 조셉을 미국으로 보내라고 말씀하셨다. 큰아이는 미국에서 계속 학교를 다니고 있었지만 작은애는 워낙 약했던지라 부모 손이 더 필요하다는 생각에 한국에 데리고 왔던 것이다. 어찌 보면 조셉은 나에게 아픈 손가락이었다. 그런데 그 아이를 다시 미국으로 보내라고 말씀하시니 도저히 받아들이기가 어려웠다. 조셉은 당시 겨우 중학생이었다. 그러니 이 아이를 어떻게 보내나 걱정부터 앞섰다.

그렇게 하루이틀 미루고 또 미루는 동안 6개월이 지나갔다. 그때까지도 순종을 하지 않고 있는 나를 성령님은 계속해서 책망하셨다. 주님의 말씀에 다른 것은 다 순종을 해 왔으면서, 아이 문제만큼은 도저히 따르기가 힘들었다. 하루는 강릉의 경포해변을 혼자 걸으며 기도하는

데 하나님께서 내게 말씀하셨다.

"아들을 네가 기르고 있다고 생각하니? 아니다. 그는 내 아들이다. 내가 키울 것이니 너는 나에게 맡겨라."

하나님은 정확하게 내 마음을 파악하고 계셨다. 그 말씀을 듣는 순간, 나는 더 이상 거부할 수가 없었다. 결국 조셉을 데리고 미국으로 들어갔다.

동생 집에 아이를 맡기고 돌아서는데 도무지 발걸음이 떨어지지 않았다. 그때 조셉이 나를 보고 "엄마 죽으면 안돼" 하고 말했다. 당시 비행기 사고가 일어나서 뉴스마다 사고 소식이 나올 때였다. 그 말을 듣는데 내 뼈가 다 녹아내리는 것만 같았다. 그렇게 아이를 겨우 떼어 놓고 한국에 돌아와서는 잘 지내려나, 괜찮을까, 몇날 며칠을 아이 생각에 눈물로 보냈다.

방학을 맞아 아이가 한국에 들어왔는데 영양실조에 걸려 있었다. 게다가 감기라고 했는데 약을 먹어도 차도가 없었다. 학교에도 못 갈 정도가 되어 병원에 가 보니 의사는 그 자리에서 바로 입원을 시켰다. 염증이 심해져서 폐가 줄어들었는데, 그 쭈그러진 폐가 안 펴지니 숨쉬기가 어려웠던 것이다.

결국 조셉은 수술실로 들어갔다. 등을 30센티미터나 가르고 갈비뼈 하나를 잘라서 안에 있는 고름을 다 긁어냈다고 했다. 회복실로 돌아온 조셉은 등이 아파서 눕지도 못하고 앉아 있어야 했다. 그런데 의사는 내게 아이의 등을 두드려 주라고 했다. 그래야 몸에 있는 것들이 잘 빠져

나간다는 것이다. 정말 잔인한 일이었다. 아들의 찢겨진 등을 두드리라니…. 하지만 그렇게 해야 아들을 살릴 수 있다고 하니 나는 눈을 질끈 감았다. 내 아들의 고통을 뻔히 알면서도 등을 두드려야만 하는 엄마의 심정이란 경험해 보지 않고서는 짐작할 수 없는 고통이다. 아들의 찢겨진 등보다 더 갈기갈기 찢기는 심정이었다.

그런데 그 고통이 곧 하나님의 고통이라는 사실을 깨달았다. 우리를 살리기 위해 아들 예수를 내어 주지 않았는가! 살이 찢기고 피를 쏟고 죽음 속으로 걸어 들어가야 하는 일을 아들에게 허락하신 것이다. 그 십자가의 고통을 아들이 고스란히 겪게 하신 하나님의 심정은 정말이지 가늠조차 할 수 없다.

나는 아들이 모태신앙으로 자랐지만 이번 기회를 통해서 엄마 아빠의 하나님이 아니라 자신의 하나님으로 만나길 기도했다. 몸이 얼추 회복되자 나는 아들과 함께 기도원에 올라갔다. 금식하며 아들을 위해 기도하면서 나는 그가 특별히 하나님의 말씀으로 깊이 들어가길 소망했다.

마지막날 저녁예배를 드리던 중이었다. 옆에 있던 아들의 어깨가 심하게 들썩거렸다. 자세히 보니 울고 있었다. 눈물이 아이의 손을 잡고 있는 내 손등 위에 뚝뚝 떨어졌다. 나는 그런 아들을 뜨겁게 안아 주었다. 예배가 다 끝났는데도 아이는 계속해서 흐느껴 울었다. 그러면서 그 날 여호수아 1장 9절의 말씀, "내가 네게 명령한 것이 아니냐 강하고 담대하라 두려워하지 말며 놀라지 말라 네가 어디로 가든지 네 하나님 여호와가 너와 함께 하느니라 하시니라"는 말씀을 받았다고 했다. 나는 하나님께 감사하고 또 감사했다.

조셉은 지금 하나님 안에서 누구보다 열심히 자신의 일을 감당하고 있다. 우수한 성적으로 대학원을 졸업하고 성실히 직장 생활하는 것도 감사하지만, 더욱 감사한 것은 예쁜 며느리 니코와 함께 주 안에서 믿음 생활 잘하며 건강하게 살아가고 있다는 것이다.

지난날 조셉은 나에게 우상 같은 존재였다. 유독 연약했고 안쓰러웠던 아들을 미국에 떼어 놓는다는 것은 나에겐 어마어마한 일이었다. 그러나 경포해변에서 주님께서 친히 그 아들을 키우시겠다고 하신 말씀 앞에 결국 무릎을 꿇었고, 나는 그를 하나님께 올려드렸다. 그때가 내 인생에서 가장 힘들고 어려운 순종이었다.

나는 기도원에서 기도하며 내 인생에서 자녀가 우상이었다는 것을 깨달았다. 하나님의 자리에 다른 것을 가져다 놓는다면 그것은 우상숭배다. 그런데 나도 모르게 순간순간 하나님의 자리에 자녀를 가져다 놓았던 것 같다. 안쓰럽다는 이유로, 내 손이 필요하다는 이유로 내 마음과 생각 속에 매여 있고, 하나님보다 더 크게 자리할 때가 있었다.

우리가 살고 있는 이 세상에는 눈으로 보이는 형상을 가진 우상보다 우리 마음 가운데 붙들고 있는 보이지 않는 우상이 더 많다. 팀 켈러는 《내가 만든 신》에서 이런 말을 했다. 성경이 탐심을 우상숭배라고 하는 이유는 단지 돈을 사랑하는 마음만이 아니라 그것에 대한 과도한 불안과 염려 때문이기도 하다는 것이다. 나 역시 자녀에 대한 불안과 두려움이 있었다. 어느 순간 내 마음 가운데 자녀가 우상이 되었던 것임을 알았다.

   나처럼 자녀가 우상인 부모들이 정말 많을 것이다. 그것은 자식에 대한 지나친 욕심 때문이다. 자녀를 올려드리고 나니 이제는 어떤 것도 주를 따르는 데 걸릴 것이 없었다. 그렇게 하나님은 내가 마지막으로 붙들고 있었던 것, 그것마저 모두 내려놓게 하시고 전적으로 하나님을 따르도록 훈련하셨다.

Part 4.

기꺼이

예수의 흔적을

가진 자가

되기로 했다

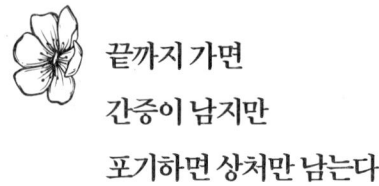
끝까지 가면
간증이 남지만
포기하면 상처만 남는다

　내가 초신자였을 때 어떤 유대인 목회자가 나에게 구원의 확신, 천국에 대한 확신이 있는지 물어본 적이 있었다. 당시는 예수를 믿은 지 얼마 되지 않았던 때여서, 분명 예수님을 믿지만 아직 천국까지 갈 자신은 없다고 했더니 로마서 8장을 이야기해 주면서 구원은 믿음으로 가는 것임을 알려 주었다. 그후 나는 성경공부를 하면서 내 감정이 아닌 말씀을 믿음으로 구원의 확신을 가지게 되었다.

　하나님을 믿는다면 반드시 구원의 확신이 있어야 한다. 이것은 그 무엇보다 중요하다. 신앙생활을 열심히 하면서 직분을 가지고 있는 권사님, 집사님들 중에는 이상하게 마음 한편이 공허하게 비어 있는 사람들이 있다. 그것은 구원에 대한 확신이 없기 때문이라는 생각이 들었다. 그 빈 공간은 하나님의 사랑을 체험해야 채워진다. 하나님의 사랑을 경험하지도 않은 상태에서 머리로만 하나님을 고백해봐야 그 하나님이 내 하나님이라는 확신이 100퍼센트 없다. 그래서 항상 흔들리는 것이다. 커피는 까맣고 향이 좋다는 걸 아는데 맛을 본 적이 없어서 무슨 맛인지 모르는 것과 같다. 영적으로 하나님을 만나지 못하면 혼과 육으로만 알고 있는 것이다.

하나님에 대한 100퍼센트 확신이 없으면 어떤 때는 우리를 사랑하시는 것 같고, 어떤 때는 사랑하지 않으시는 것만 같이 느껴진다. 아이들은 엄마가 자신이 원하는 장난감을 안 사주면 자기를 미워한다고 생각하지만, 다음날 아이스크림을 사주면 사랑한다고 여긴다. 관계의 기준이 나에게 있는 것이다. 청년이 되어도 그 기준은 쉽게 바뀌지 않는다.

하나님과의 관계의 기준은 하나님께 있다. 하나님이 누구이신지를 확실하게 알게 되면 어떤 순간에도 그분은 나를 사랑하신다는 믿음이 흔들리지 않는다. 하나님은 내 모든 것을 알고 계신다. 그럼에도 나를 사랑하신다. 그분은 은혜 주기를 원하시는 분이다. 이 개념이 분명하게 정립되어야 한다. 그래야 하나님 앞에 뭐든지 말할 수 있다. 그래야 고난이 축복이라는 이치를 깨닫게 된다. 그렇지 않으면 아무리 오래 신앙생활을 해도 '내 하나님'은 없고 '남의 하나님'만 있다. 그래서 고난이 오면 '아, 하나님은 나를 사랑하시지 않는구나', '아, 하나님은 나 같은 건 안중에도 없구나' 하며 흔들리는 것이다.

많은 사람이 육신의 부모님과의 관계 경험을 가지고 하나님을 생각하려고 한다. 혼을 많이 내는 부모님 밑에서 자란 사람은 하나님도 혼내는 하나님으로만 바라본다. 내 기준 안에 있는 하나님에 대한 선을 못

넘어가는 것이다. 그것을 초월한 하나님을 만나면 치유가 일어나는데, 자기중심적으로만 보니까 하나님과 친밀해지지 못한다. 그래서 우리는 하나님이 어떤 분인지를 알아야 하고, 하나님을 만나야 하며, 하나님을 맛보아야 한다.

교회 성도들이 가끔 상담을 원할 때가 있다. 기독교인이라 해도 인간인데 살면서 억울하고, 속상하고, 힘든 일들이 왜 없겠는가. 제일 많이 드러나는 감정은 억울함과 분노다. 자기 아픔을 누구도 이해하지 못한다고 생각할 수 있다. 하지만 그 사건 속에서 깨달아야 하는 것은 '십자가 안에서' 자기 자신을 발견하는 것이다. 그냥 바라보는 것과 십자가 안에서 바라보는 것은 전혀 다르다. 십자가 안에서 자기를 바라보면 상대에게 억울했던 감정이 눈녹듯 녹고 조금씩 수용할 수 있는 힘이 생긴다. 십자가 안에서 보면 미웠던 사람이 불쌍해 보이기 시작한다. 감정적인 것만 가지고는 해결이 안 된다. 주님이 비추시는 정오의 빛은 그림자를 남기지 않는다. 그분에게는 어두움이 없다.

내 문제가 무엇인지를 발견했다고 바로 해결되지는 않는다. 그때부터 믿음으로 날마다 이기고 나아가는 것이다. 환경이 변하지 않아도 믿음으로 이기는 힘을 길러 가는 것이다. 대나무는 한 마디씩 자란다. 잠시 성장을 멈추고 그 힘을 모아 다시 한 마디가 자란다. 고통을 이겨 낸 마디마디가 이어져 어떤 바람에도 꺾이지 않는 나무가 된다. 우리도 고난을 이길 때마다 그런 믿음으로 한 걸음씩 나아가면 언젠가는 대나무처럼 어떤 비바람에도 꺾이지 않는 나무가 되어 있을 것이다. 끝까지 가면 간증이 남지만, 중간에 포기하면 아픈 기억만 남을 뿐이다.

    신앙인은 하나님을 아는 지식이 있어야 한다. 하나님을 아는 지식은 나와 타인이라는 사람을 이해하는 데까지 이른다. 그 하나님을 보며 나를 조명하게 된다. 그러니 하나님을 날마다 더 깊이, 보다 분명히 알아야 한다. 채워지지 않는 작은 구멍 때문에 날마다 모래 위에 세운 집처럼 불안하게 살아갈 수는 없지 않은가.

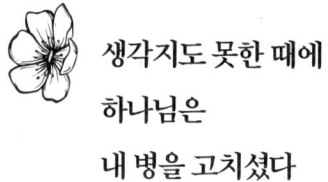
생각지도 못한 때에 하나님은 내 병을 고치셨다

열한 살 즈음인가, 나는 혼자 서울역에서 기차를 타고 인천에 있는 이모님 댁을 찾아가 놀다 오곤 했다. 지금 생각하면 그 나이에 어떻게 겁도 없이 혼자 집을 나설 생각을 했을까 신기하기만 하다. 그때부터 나는 혼자 버스를 타고 이곳저곳을 찾아다녔던 것 같다. 이상하게도 무섭지가 않았다. 낯선 풍경을 따라 친척집까지 가는 길이 마치 미션을 성공하는 것처럼 재미있었다.

50년이 지난 지금도 나는 전 세계 오지 곳곳을 혼자 다닌다. 험한 산길이며 목숨을 건 여정도 복음을 위해서라면 마다하지 않는다. 어쩌면 그때부터 나에겐 이런 모험심이 있었던 것 같다.

고등학교 시절에는 정치외교학과 진학을 꿈꿨다. 당시 우리집은 다소 유교적인 분위기가 흘렀지만, 거기에 개의치 않았다. 나는 사회적 역할을 감당하는 멋진 전문 여성이 되고 싶었다. 하지만 그 꿈은 아버지의 사업이 실패하면서 하루아침에 물거품이 되어 버렸다. 막막했던 스무 살, 나는 어떻게든 새로운 돌파구를 찾아야만 했다.

1974년, 마침내 나는 미국행 비행기에 올랐다. 열한 살 그때처럼 겁도 없이 혼자였다. 갓 스물을 넘긴 나이에 밟은 미국 땅은 두려움보다 호기심으로 가득한 곳이었다. 이제 막 개발을 시작했던 한국에 비해 미국은 완전히 다른 세상 같았다. 나는 이곳에서 다시 꿈을 꿀 수 있을 거라 생각했다.

'저 사람이 했으면 나도 할 수 있어.'

나는 매일 이런 다짐으로 스스로를 다독이며 용기를 내려고 노력했다. 무엇이든 주어진 일이 있으면 열심히 했다. 아르바이트를 하더라도 대충 때우는 것은 성격에 맞지 않았다. 가게 주인들은 그런 나를 상당히 마음에 들어 했고, 맨몸으로 건너온 타지에서 나는 생각보다 잘 적응하고 있는 듯 보였다. 그런데 어느 날부터인가 내 일상은 모든 것이 엉망이 되어 버리고 말았다.

나는 어렸을 때부터 몸이 약했다. 천식이 심해서 제대로 숨을 쉬지 못했고, 심한 저혈압과 빈혈로 늘 어지러웠으며, 혈액순환이 안 되어 다리를 꼬집어도 감각을 느끼지 못할 정도였다. 또한 잠을 자다가 급소를 찌르는 듯한 고통 때문에 가위에 눌리는 일이 종종 있었다. 약도 먹고 병원도 다녀 봤지만 속 시원히 낫지 않았다.

그런데 한동안 잠잠하던 이런 증상들이 미국에서 다시 시작된 것이다. 젊은 날의 열정과 패기로 견디고 있었지만, 미국 생활 중에 겪었던 이런저런 힘겨움과 고단함이 겹치면서 내 건강은 더욱 악화되었다.

문제는 몸은 아픈데 병명이 나오질 않는다는 것이었다. 팔이 끊어질 듯 아팠다. 그냥 팔이 하나 없었으면 좋겠다고 생각할 만큼 고통스러웠다. 왜 내가 이런 일을 겪어야 하는지 이해하기도 어려웠고, 그렇다고 그냥 받아들이기엔 너무도 견디기 힘든 통증이었다.

무엇보다 괴로운 것은 이 고통이 끝나지 않을 것 같다는 두려움이었다. 완벽주의에 흐트러짐이 없는 성격이었던 나는 젊은 나이에 이렇게 사느니 차라리 깔끔하게 죽는 편이 더 낫다고 생각했다.

나는 틈만 나면 죽음을 생각했고, 그때마다 수면제를 조금씩 모았다. 그러나 삶을 끝내기로 결심했던 그 순간, 제일 먼저 떠오른 것은 한국에 있는 부모님이었다. 이역만리 떨어져 있는 딸이 목숨을 끊었다는 소식을 들으면 부모님은 얼마나 가슴이 아프시겠는가? 자식이 죽으면 가슴에 묻는다는데, 평생에 한을 남겨 드릴 것 같았다. 그동안 제대로 해드린 것도 없으면서 차마 그렇게까지 할 수는 없었다. 마음대로 죽을 수도 없다는 생각에 더욱 가슴이 북받쳤다. 뭐가 그리도 서러웠는지 밤새 목 놓아 울고 또 울었다. 나를 도와줄 사람이 세상에 아무도 없는 것만 같았다. 새로운 꿈을 꿀 수 있을 것 같았던 미국에서 나는 끝이 보이지 않는 고통의 깊은 나락으로 떨어지고 있었다.

하루는 이웃에 사는 조 집사님 부부가 나를 찾아왔다. 종종 먹을 것을 갖다 주며 나를 챙겨 주던 한국 분이었다. 그분들은 내가 아픈 것을 알고 교회에 가서 안수기도를 받아 보자고 했다. 나는 병원에서조차 모른다 하는 병인데 거기선들 무슨 뾰족한 수가 있으랴 하는 마음에 기대조차 없었지만, 거절할 수 없어 그냥 한번 따라 나서 보기로 했다.

나는 불교 가정에서 자라면서 하나님을 전혀 알지 못했다. 어머니는 집에 일이 생기면 무당을 불러 굿을 했다. 내가 시험을 볼 때면 절에 가서 빌고, 부적을 사다가 내 옷에 몰래 넣어 두기도 하셨다. 그런 환경에서 자라 온 나에게 '예수'라는 이름은 그저 4대 성인 중 한 명에 불과했다. 내가 아는 것이라고는 크리스마스에 태어난 인물이라는 정도였다. 예수가 누구인지도 모르면서 교회 다니는 사람들을 이유 없이 싫어했던 사람이 바로 나였다. 그런데 통증으로 괴로운 날을 보내고 있던 나에게 조 집사님 부부가 찾아와 준 거였다. 교회라면 질색했고, 예수 믿는 사람들이라면 본능적으로 피했던 나였는데, 그런 내 마음의 굳은 빗장을 조금씩 열게 해 주었다.

내가 간 곳은 어느 신학교 기숙사였다. 그곳에서 이 권사님을 처음 만났다. 이 학교 전도사님의 장모님이셨는데, 특별히 병든 자를 위해 기도했을 때 많은 역사가 일어났다고 했다. 내가 갔을 때는 열 명 정도가 모여 있었고, 사람들이 뜨겁게 찬송을 부르고 있었다. 나는 어찌나 어색하던지 꿔다 놓은 보릿자루 같은 모습이었다.

기도회를 인도하던 이 권사님이 내게 다가와 잠시 어깨에 손을 얹고는 "아이고, 많이 눌려 있구나. 얼마나 살기 힘들었을까" 했다. 그러고는 나를 안고 기도해 주었다. 내 영과 육에 있는 묶임을 풀어 달라는 기도였는데, 그때는 그게 무슨 말인지 몰랐다. 나중에 보니 이사야 말씀을 가지고 기도해 준 것이었다. 그날 나는 내 삶의 고단함을 헤아려 준 따뜻한 사랑의 한 마디에서 큰 위로를 얻었다.

예배가 끝난 뒤 집으로 돌아오는 길에 몸에 뭔가 이상이 생긴 것을 느꼈다. 정확하게 어떤 변화인지는 몰랐지만, 분명한 것은 시간이 지나면서 통증이 조금씩 사라지고 있다는 것이었다. 나는 너무도 놀랍고 신기하기만 했다. 그날 이후로 일주일 동안 매일 이 권사님을 찾아가 함께 기도했다. 그 사이 통증은 완전히 사라졌고 나는 육체의 고통에서 벗어날 수 있었다. 이런 날이 왔다는 것이 믿어지지 않았다.

며칠이 지나고 나는 내 인생에서 처음으로 교회에서 예배를 드렸다. 그날 이 권사님은 내 손을 꼭 잡고 예배당 맨 앞자리로 인도하며 이렇게 이야기해 주었다.

"앞으로 예배를 드릴 때는 꼭 앞자리에 앉아라. 앞자리는 은혜의 자리야."

그러고는 이런 말도 해 주었다.

"너를 고쳐 주시고 살려 주신 분이 예수님이시니 교회 와서는 절대 사람을 보면 안 된다. 목사, 장로, 권사, 집사, 모두 다 같은 죄인이야. 네가 사람을 보는 순간 실망하게 될 거야. 그러니 사람을 보지 말고 꼭 주님만 바라보고 교회를 다녀라."

권사님께서 내 눈을 바라보며 해 준 그 권면의 말들은 내 심중에 깊이 새겨졌다. 지금까지도 내 신앙생활에 큰 밑거름이 되었다.

그날 예배 시작과 함께 찬양대가 찬양을 부르며 강대상을 향해서 걸어갈 때, 내 눈에서 알 수 없는 눈물이 흘렀다. 슬픈 영화를 봐도 웬만해서는 울지 않는 냉정하고도 이성적인 내가 울고 있다니, 그 눈물에 다른 누구도 아닌 내가 가장 놀랐다. 마음이 아프거나 슬퍼서 나오는 눈물이 아니었다. 그동안 끌어안고 있던 마음의 무거운 짐을 내려놓은 듯한 느낌이었고, 뭔가 더 이상 외롭지 않을 것 같은 생각에 가슴이 뜨거워졌다.

이 일들은 내 인생에서 가장 위대하고 놀라운 사건이다. 하나님은 오래전부터 나를 예정하셨고, 고치셨으며, 이렇게 구원하셨다. 하나님께서 예수 믿는 자를 싫어했던 나를 찾아와 주실 줄은 꿈에도 몰랐다. 그것도 이 먼 미국 땅에서 가장 힘들었던 그 절망의 순간일 줄은 더더욱 생각도 못한 일이었다. 아무도 나를 도울 자가 없다고 여겼던 곳, 혼자라고 여겼던 이곳에서 하나님은 결코 내가 혼자가 아니라는 것을 알려 주셨다. 그리고 나를 주님 앞으로 이끌었던 귀한 하나님의 사람들이 있다는 사실도 알려 주셨다.

처음으로 혼자 집을 나섰던 열한 살 그때도, 눈물의 밤을 보냈던 고통의 그 순간도, 땅끝 오지를 다니는 지금도 나는 결코 혼자가 아니었다. 그날 나를 찾아오셨던 그 주님과 함께였다.

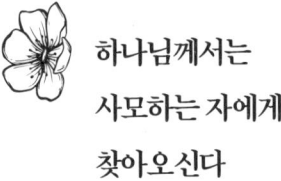
하나님께서는
사모하는 자에게
찾아오신다

나는 더 이상 아프지 않았다. 나는 내 몸을 바라볼 때마다 살아 계신 하나님이 고쳐 주셨다는 것을 확신했다. 그러나 하나님이 계신 것은 분명 믿어졌지만, 교회에서 사람들이 말하는 '하나님을 만난다'라는 말이 어떤 의미인지는 알 수가 없었다. 어떻게 해야 하나님을 만날 수 있다는 말인가!

궁금증이 더해질수록 하나님을 만나고 싶은 마음은 더욱 커져 갔다. 그때 교회에서 만난 한 선배가 말씀을 읽는 중에도, 기도할 때에도, 예배 가운데서도 하나님이 우리를 만나 주신다는 말을 해 주었다. 나는 선배의 말대로 그날부터 열심히 성경을 읽었다. 그리고 주일예배부터 수요예배, 금요철야까지 모두 참석했다. 그러고 보면 초신자였던 나는 교회에서 해 주는 말을 곧이곧대로 듣고 그대로 순종했던 것 같다. 목사님이 아침에 QT를 하라고 하시기에 출근하기 전 꼬박꼬박 QT를 했다. 무시로 찬송하고 기도하라는 말을 들은 날은 일을 하다가도 틈나는 대로 혼자 찬송하며 기도했고, 집에 돌아와서도 말씀 보고 기도하는 시간을 가졌다. 매일 그 모든 것을 마치고 나서야 잠자리에 들 정도였다. 그리고 나는 매일 이렇게 구했다.

"하나님, 제발 저를 만나 주세요! 얼굴과 얼굴을 대면하여 만나 주세요!"

나는 무엇이든 분명하고 확실한 것이 좋았다. 그래서 마치 어린아이처럼 구하고 부르짖었다. '살아 계신 하나님을 만나고 싶다'는 내 안의 간절함이 그토록 열심을 내게 했던 것 같다.

주님을 만나고 싶어서 난생처음 금식까지 하며 기도하던 어느 날이었다. 꿈속에서 정말로 예수님이 나를 찾아오셨다. 내가 기도한 그대로 내 눈앞에 나타나신 것이다. 그분은 빛과 같은 아름다운 광채에 둘러싸인 채 내 앞에 다가오셨다. 그 빛은 너무도 강렬해 마치 하얗게 보이는 파란 빛이었다. 예수님은 내게 가까이 오시더니 자신의 얼굴을 내 얼굴에 딱 맞춰 주셨다. 그러고는 내 두 손을 꼭 잡아 주셨다. 예수님의 손에서 느껴지는 촉감은 사람과 똑같았다. 너무나 따뜻하고 부드러웠다. 예수님은 내 손을 잡은 채로 얼굴과 눈을 바라보시며 이렇게 말씀하셨다.

"네가 나를 믿었으니, 이제 너는 끝까지 나를 믿고 따라오거라."

그런데 신기하게도 예수님은 입을 벌려 말씀하시지 않고 눈으로 말씀하셨다. 눈과 눈이 마주치는 중에 예수님의 말씀이 나에게 전해지는 것이 놀라웠다.

잠에서 깬 뒤 나는 너무도 생생한 기억에 한참 동안 가만히 누워 있었다. 심장이 떨렸다. 무엇보다 정말로 내가 기도한 대로 하나님께서 나를 만나 주셨다는 사실이 너무도 행복했다. 그날 이후 성경을 읽던 중에 '예수님의 불꽃 같은 눈', '그때에는 우리가 얼굴과 얼굴을 마주 대하듯이'라는 말씀을 읽게 되었는데, 마치 내가 꿈속에서 예수님을 만난 그 장면 같았다. 이런 체험을 통해 나는 하나님이 살아 계시다는 것을 더욱 확신하게 되었고, 삶에서 기쁨이 넘쳐나기 시작했다.

특별히 말씀에 대한 사모함이 더욱 커져만 갔다. 성경을 읽을 때면 나도 모르게 가슴이 뜨거워졌다. 말씀 속에 살아 계신 주님이 느껴질 때마다 주체할 수 없는 눈물이 쏟아졌다. 특별히 십자가의 주님을 만났을 때는 나를 구원하신 사랑에 감사해 바닥에 엎드려 얼굴을 묻고 한참을 울었다. 그때마다 하나님의 위로가 내 폐부의 깊숙한 곳까지 이르는 것만 같았다.

예배를 드리러 가는 날은 일주일 중에 가장 기쁨이 샘솟는 시간이었다. 맨 앞자리에 앉아서 '오늘은 또 나에게 어떤 말씀을 주실까?' 하는 간절함과 기대 속에서 예배를 드렸다. 그럴 때마다 매번 놀랍게도 목사님의 말씀은 마치 내 이야기 같았고, 나를 위해 설교를 준비하신 것처럼 느껴졌다.

나는 지금도 여전히 예배를 드릴 때면 '오늘은 하나님께서 나에게 어떤 말씀을 주실까?' 기대하며 맨 앞자리에 앉는다. 그리고 말씀 속에서, 기도 속에서, 대자연 속에서, 보내신 사람들 속에서, 나는 주님을 만나고 또 만난다. 내 삶의 모든 일상에서 하나님은 언제나 나를 만날 준비를 하시고 있다는 것을 알았을 때 마치 나만 아는 비밀 연애를 하는 기분이었다. 그 교제의 기쁨은 경험해 본 자만이 알 수 있을 것이다.

비록 눈으로는 거울을 보는 것처럼 희미하며 부분적으로 밖에 알지 못한다 할지라도 영으로는 누구보다 가까이 주님을 만나고 있는 것이다. 사모하는 자에게는 어떤 방식으로든 주님을 만날 수 있는 방법을 주신다. 성경에서는 간절히 찾고 찾으면 만날 것이라고 하셨다. 그것은 분명한 사실이다. 다만 죄 때문에 그 얼굴을 내가 피하지 않기를 바랄뿐이다.

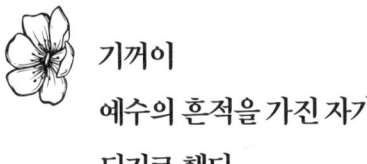
기꺼이
예수의 흔적을 가진 자가
되기로 했다

교회에 가려면 차로 고속도로를 한 시간씩 달려야만 했다. 마음처럼 새벽이고 밤이고 갈 수 없기에 나는 주로 집에서 홀로 말씀을 읽고 기도를 했다. 많은 시간을 골방에서 일대일로 하나님을 만났고, 그때 성령께서 친히 가르쳐 주시고 깨우쳐 주신 것들이 참 많았다. 지금도 어떤 일이 있으면 사람을 찾지 않고 하루고 이틀이고 하나님 앞에서 씨름을 한다. 사람들의 위로는 잠시 머물다 가지만 주님이 주시는 위로는 깊고 완전하기 때문이다.

매일 주님을 만나는 일은 마치 선물과도 같았다. 뭐가 들었을까 풀어 보는 재미가 있고, 소소한 것 하나에도 감사하고 행복했다. 주님과의 만남은 이전과는 전혀 다른 삶으로 나를 이끌었다. 나는 더는 외롭지 않았다. 내 곁에 주님이 계시다는 사실이 나를 끝없는 절망에서 다시 일어서게 했다. 말씀과 기도가 내 삶에 우선순위가 되면서 믿음도 조금씩 성장했다.

　어느 날 한 목사님과 대화를 하던 중에 뜻밖의 이야기를 듣게 되었다. 지난번 주님이 "너는 나를 끝까지 믿고 따라오라"고 하신 말씀이 주의 종으로 부르신 것 같다는 것이다. 그러면서 내게 신학 공부를 해 보면 어떻겠느냐 권해 주셨다.

　나는 특별한 경험을 통해 주님을 만났지만 주의 종이 되고 싶은 마음은 없었다. 그저 순종 잘하는 '빛나는 평신도'로 사는 것이 내 바람이었다. 그런데 그 이후로도 나는 여러 목회자들로부터 비슷한 조언을 종종 들었다. 하지만 나는 더 정확한 확신이 필요했다. 그래서 정말 부르심이 맞다면 나를 전혀 알지 못하는 주의 종을 통해서 다시 확인하게 해 달라고 기도했다.

　며칠 후, 가깝게 지내는 한 집사님이 로라라는 목사의 설교를 한번 들어 보라며 설교 테이프를 여러 개 주었다. 중국에서 사역했던 분이었는데, 나는 그녀의 설교를 듣고 많은 은혜를 받았다. 로라 목사는 중국에서 하나님의 말씀을 전하는 동안 수없이 감옥에 갇히고 핍박과 고문을 당했다. 그러면서도 믿음을 굳건히 지켰다. 결국 사형을 선고받아 형이 집행되었는데, 사수들이 총을 겨누던 그 순간 하늘로부터 갑자기 강력한 빛이 쏟아졌다. 사수들은 너무도 강한 빛 때문에 눈을 제대로 뜰 수 없었고, 로라 목사를 향하던 총알은 모두 허공으로 빗나가 극적으로 사형을 면하게 되었다고 한다. 그 후로 로라 목사는 중국에서 추방되어 미국으로 넘어 오게 되었고, 미국에서 영향력 있는 주의 종으로서 많은 일을 해 오고 있다.

그런데 얼마 지나지 않아 내가 살고 있는 지역에 목사의 집회가 열린다는 소식이 들렸다. 나는 만사를 제치고 그 집회가 열리는 곳으로 달려갔다. 그날 로라 목사는 자신의 아픈 과거와 하나님께서 베푸신 기적들을 간증했다. 나는 끝까지 하나님을 향했던 그녀의 믿음이 부러웠고, 한편으로는 도전이 되었다. 어떤 순간이 와도 끝까지 믿는다는 것이 무엇이며, 믿을 수 없는 중에도 믿는다는 것이 무엇인지에 대해서 뜨거움이 전해졌다. 그것은 하나님께 모든 것을 맡기는 것이었다.

말씀을 마친 후 로라 목사는 개인적으로 안수기도를 받고 싶은 사람은 강단으로 올라오라고 했다. 나는 그 말이 떨어지자마자 바로 뛰어 올라갔다. 내 차례가 되었을 때 로라 목사는 내 머리에 손을 얹고 이렇게 기도해 주었다.

"You already know I called you. Obey obediently!"(내가 너를 주의 종으로 부른 것을 너는 이미 알고 있다. 기쁘게 순종하라!)

그 기도에 나는 깜짝 놀랐다. 나를 알지 못하는 주의 종을 통해서 다시 한번 확인시켜 달라고 했던 내 기도가 생각났다. 하나님은 로라 목사의 입을 통해서 정확하게 응답해 주셨던 것이다.

분명한 하나님의 부르심 앞에 더 이상 할 말이 없었다. 막연한 두려움도, 빛나는 평신도가 되고자 했던 내 의도 모두 내려놓고, 앞으로의 삶을 주님께 드리기로 결단했다. 끝까지 믿고 따라간다는 것이 바로 종의 모습이라는 것을 나는 지금 선교 현장을 누비며 너무도 절실히 깨닫고 있다. 그런 나에게 주님은 세상 끝날 때까지 함께하시겠다는 약속의 말씀이 얼마나 놀라운 사랑인지를 깨닫게 해 주신다.

나무의 나이테는 그 나무가 버텨 온 세월의 흔적이다. 바울이 자신은 예수의 흔적을 가졌노라고 말한 것은 그의 인생 가운데서 주님을 만났고, 그분을 따름으로 겪었던 수많은 일들의 기록이며, 끝까지 주님과 함께 걸어온 그의 세월이었을 것이다. 나는 믿음의 사람들이 가진 이러한 예수의 흔적들을 많이 보았다. 거기엔 주님과 나눈 기쁨의 시간뿐 아니라 복음을 위한 눈물의 상처들과 기억들도 모두 들어 있다. 예수의 흔적을 가지게 되었다는 것은 예수의 사람이라는 증거이며, 숱한 고난과 눈물을 견디어 냈다는 증거일 것이다. 예수 그리스도로 인해 나음을 입었고 오랜 질병의 묶임에서 해방된 나는 이미 육체 가운데 예수의 흔적을 지닌 자였다. 그날 이후 나는 복음을 위해 기꺼이 예수의 흔적을 가진 자가 되기로 했다. 그래서 아무도 가지 않은 길, 그 땅끝을 향하여 길을 나섰다.

지금도 나는 예수님을 만난 것이야말로 내 인생에서 가장 영광스러운 예수의 흔적이라고 고백한다. 그날 이후 지금까지 내 삶의 여정에는 수많은 예수의 흔적들이 새겨지고 있다. 그리고 그 지울 수 없는 믿음의 흔적들이 매순간 나를 주님 앞으로 다시금 인도한다.

신앙이란 그리스도의 흔적을 내 삶에 새겨 가는 것이다. 나에게 그 예수의 흔적이 있는가 돌아봐야 한다. 그러기에 나는 오늘도 더 깊고 진한 예수의 흔적을 성령께서 새겨 주시길 소망하고 있다.

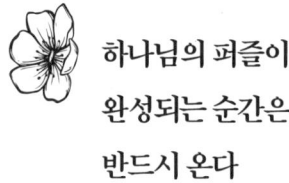
하나님의 퍼즐이 완성되는 순간은 반드시 온다

나에겐 오래된 소원이 하나 있었다. 가족의 구원에 대한 것이었다. 하나님을 만난 뒤 내 삶이 송두리째 달라진 것처럼 우리 가족에게도 그런 삶이 오기를 나는 매일 기도했다.

> 주 예수를 믿으라 그리하면 너와 네 집이 구원을 받으리라 행 16:31

나는 오직 이 말씀을 붙들고 기도했다. 주님을 믿었으니, 하나님께서는 나와 우리 가정을 구원해 주시겠다고 한 약속을 반드시 지키실 것 또한 믿었다.

나는 5년 동안 수시로 금식하며 기도했다. 가족의 구원을 온전히 이루실 때까지 기도를 멈추지 않겠다고 각오하고 매일 서너 시간씩 눈물로 하나님께 간절히 기도했다.

한국에 계신 부모님께 전화를 할 때면 나는 틈나는 대로 복음을 전했다. 국제전화로 못다한 이야기는 편지를 써서 보내기도 했고, 가족과 친척들을 만날 땐 내가 어떻게 예수님을 만났으며, 하나님께서 지금 나와 어떻게 동행하고 계신지를 기회가 생길 때마다 열심히 전했다. 우상을 섬기던 가족이 복음을 받아들이는 일은 쉽지 않았다. 하지만 나는 기도의 끈을 놓지 않았다. 내 가족을 천국에서 다시 만날 수 없다고 생각하면 견딜 수가 없었다.

그런데 기도한 지 6년쯤 되었을 무렵, 우리 가정에 변화가 일어나기 시작했다. 결혼 후 친정식구들을 미국으로 초청했는데, 이주하기 얼마 전부터 식구들이 교회에 나가기 시작했다. 하나님께서 한 사람 한 사람을 부르신 것이다. 부모님은 아팠던 딸의 건강해진 모습을 직접 보면서 그동안 내가 전했던 말들을 믿기 시작했다. 특히 낯선 타국에서 딸이 살아가는 모습을 보고 그동안의 미안함이 몰려왔는지, 부모님은 미국에 들어오자마자 교회에 가서 등록을 했다.

가족이 미국에 도착하고 난 뒤 첫 주일에 우리는 함께 예배를 드렸다. 눈물로 부르짖었던 지난날의 기도가 드디어 응답되는 순간이었다. 한 영혼이 구원받았을 때 주님의 심정이 이러셨을까? 하나님 앞에 예배드리는 가족의 모습을 지켜보면서 나는 너무도 가슴이 벅차올랐다. 그토록 바라던 가정복음화의 은혜 앞에서 나는 기쁘고 기뻤고, 울고 또 울었다.

하나님께서는 우리 가족 중 구원의 첫 열매였던 내가 약속을 끝까지 믿었을 때, 하나님의 방법으로, 하나님의 때에 응답하셨다. 이것은 그 무엇과도 비교할 수 없는 아름다운 선물이었다. 하나님께서는 우리 가족을 구원해 주셨을 뿐 아니라, 부모님은 집사로, 남동생 둘은 장로로, 막냇동생 부부는 목사로 세워 주셔서 가족 모두가 주님의 충성된 일꾼으로 살아가게 하셨다.

90세가 넘으신 아버지는 지금도 1년에 세 번씩 성경을 통독하고 날마다 성경말씀을 암송한다. 예수님을 만나기 전 아버지는 교회 다니는 사람이라면 질색을 했는데, 지금은 우리 가족 중 누구보다 열심히 하나님을 섬긴다. 한번 시작하면 끝장을 보는 성격까지 쏙 빼닮은 아버지와 딸이 모두 새롭게 되어 이렇게 하나님의 자녀로 기쁨 속에 살게 하시니 얼마나 감사한지 모른다.

우리 가족을 보고 많은 사람이 나에게 가족 구원에 대해서 상담을 요청해 온다. 그들 중에는 자신이 원하는 때에 빨리 기도 응답이 이루어지지 않으면 조급해하고 낙심하기도 한다. 그런 때에 고아의 아버지 조지 뮐러의 일화는 우리에게 위로와 깨달음을 준다. 그는 살면서 5만 번 기도 응답을 받았다고 알려져 있다. 한 번 기도 응답받기 위해 통곡하며 부르짖는 사람들이 들으면 기가 막힌 숫자다. 그러나 그가 하나님의 응답을 바라보는 시각은 우리와 조금 달랐다.

조지 뮐러가 영혼 구원을 위해 일생 동안 기도한 사랑하는 친구가 있었다. 그가 죽을 때까지도 친구는 회심하지 않았다. 그 기도만큼은 응답을 받지 못하는 것만 같았다. 그러나 조지 뮐러가 죽고 난 후에야 그 친구는 예수님을 믿고 성도의 삶을 살게 되었다. 하나님의 응답은 내가 원하는 때에 이뤄지지 않을 수 있다. 그러나 하나님께서는 약속하신 것은 반드시 지키시는 분이다.

때와 방법은 내가 정하는 것이 아니다. 우리는 그것을 알지 못한다. 그러니 한번 기도를 시작했다면 포기하지 말기를 바란다. 특히 가족의 영혼 구원을 위한 기도는 반드시 응답될 것이다. 예수님께서는 나보다 더 간절하게 내 가족의 구원을 원하시는 분이다. 이것은 분명한 사실이다. 나를 비롯해 내 가족 한 사람 한 사람의 영혼을 위해서도 십자가에 못 박히셨고 피 흘리신 분이 바로 예수님이 아닌가! 그러므로 '너와 네 가족을 구원하겠다'는 하나님의 약속은 반드시 이루어진다. 우리는 그 약속을 신뢰해야 한다.

그럼에도 우리는 하나님의 때가 언제인지 몰라 조급하다. 나는 그때를 기다리는 동안 하나님께서 우리를 훈련시키신다는 것을 깨달았다. 첫째는 우리가 얼마나 하나님을 믿고 따라가고 있는지 하나님에 대한 신뢰의 훈련이고, 둘째는 구원을 위해 기도하는 동안 일어나는 영적 싸움에 대한 훈련이다. 응답을 기다리는 동안 넘어지고 낙심하고 실망하면서 우리의 믿음을 연단하는 시간을 주시고, 영적 싸움을 싸우는 동안 조금씩 우리가 영적으로 성장해 갈 수 있는 시간을 주신다. 하나님이 우리에게 기도하라고 하신 이유가 여기에 있다.

나는 이 이치를 시어머니의 기도를 통해 더욱 분명하게 알게 되었다. 시어머니는 내 남편 황희철 목사를 위해 신실한 주의 종이 되게 해 달라고 평생 동안 기도하셨다. 신학을 한 뒤에 30여 년간 다른 길을 걷고 있는 아들을 보면서도 어머니는 주의 종으로 삼으시겠다는 하나님의 약속을 끝까지 믿으셨다. 그리고 시어머니께서 소천하신 후에야 남편은 마침내 목사가 되었다. 남편은 목사가 되고 첫 설교 시간에 이렇게 고백했다.

"어머니의 기도는 돌아가셔서도 이루어졌습니다. 그 눈물의 기도가 지금의 저를 있게 했습니다. 어머니의 기도에 응답하신 하나님께 감사드립니다."

수없이 포기하고 싶고 낙심되는 순간이 올지라도 하나님의 기뻐하시는 뜻은 반드시 이루어진다는 것을 확신하게 되었다. 다니엘이 마음과 뜻을 정하여 기도했을 때 하늘에서는 이미 기도의 응답이 이루어졌으나, 이 땅에서 나타나고 이루어지는 것은 시간이 걸린 것처럼, 우리가 하나님의 뜻에 합당하게 올린 기도는 하늘에서 이미 이루어졌다는 것을 믿는다.

그러니 우리가 해야 할 일은 기도 응답이 이루어지는 그 순간까지 계속해서 기도하는 것이다. 그럴 때 성실하신 하나님은 하나님의 때에, 하나님의 방법으로, 하나님의 일을 하신다. 그래서 나는 애통함이나 슬퍼함으로 기도하기보다는, 오히려 하나님이 정하신 때를 소망 가운데 기다리며 감사의 기도를 드린다. 우리의 생각을 뛰어넘는 하나님의 완벽한 퍼즐이 맞춰지는 순간이 반드시 오기 때문이다.

 두려움을
이기는 것은
순종이었다

남편은 목회자 가정에서 태어나 20대에 신학을 공부했다. 하지만 오래도록 목사 안수를 받지 않았다. 어릴 때부터 목회자의 길을 가기를 원했던 부모님의 기도가 있었고, 집안 분위기상 신학을 공부하긴 했지만 목회의 길과는 상관없이 살았다. 집에는 늘 부모님이 섬기던 낯선 군식구들이 있었고, 매일 가정예배를 드려야 하니 고단한 목회자의 삶을 원치 않았던 것이다. 또한 부모님과 같은 주의 종이 된다는 것이 너무도 부담스러웠다. 다만 가르치는 일은 좋아했으니 목사 대신 교육자의 길을 선택해 일반 대학에서 상담심리를 가르쳤다.

그러나 "사람이 마음으로 자기의 길을 계획할지라도 그의 걸음을 인도하시는 이는 여호와시니라"(잠 16:9)는 말씀이 진리임을 남편을 통해서도 여실히 확인한다. 그는 종종 신학교에서도 강의를 했는데, 만나는 학생들이 자꾸만 자신을 목사님이라고 부르는 것이 무척이나 신경이 쓰였다. 그때마다 강력하게 "나는 목사가 아닙니다"라고 대답했지만, 날이 가면 갈수록 뭔가 찜찜해졌다. 마치 해결해야 할 숙제를 뒤로 미뤄 둔 것처럼 말이다. 사람들에게 나는 목사가 아니라고 항변하면 할수록 오히려 주의 종으로서의 길을 거부하며 살아온 자신의 정체성에 대해서 진지하게 고민하게 되었다. 자신을 위해 눈물로 기도해 온 수많은 사람들의 뒷모습이 그제야 떠올랐다. 남편은 오랜 기도 끝에 부르심에 순종했다. 그때 나이가 쉰이었는데, 신학을 하고 30여 년이 지난 뒤에야 결국 할아버지와 아버지의 뒤를 이어 목사가 되었다.

나 역시 하나님의 부르심을 따라 신학을 공부했지만 목사가 되기는 거부했다. 오히려 4대째 믿음의 가정에서 부모님의 서원기도 속에 자란 남편이 나 대신 목사가 되게 해 달라고 기도해 왔다. 그저 남편의 사역을 돕는 자리에서 사모의 역할을 감당하고자 했다. 뒤에서 기도로 도우면 되었지 나까지 목사 안수를 받을 필요는 없겠다는 생각이 들었다.

하지만 부르심에 대해 늘 마음 한구석에 떨치지 못한 부담감이 남아 있었다. 그래서 만약에 남편의 입을 통해서 안수를 받으라는 이야기가 나온다면, 그때는 하나님께서 나를 다시 부르시는 것이라 여기고 순종하며 따르겠다고 기도했다.

그렇게 몇 년인가 지난 후, 어느 날 아침식사를 하던 중에 남편이 불쑥 말을 꺼냈다.

"여보, 하나님이 문을 두드리시면서 때가 되었으니 이제 열라고 하는데, 당신은 문을 꽉 잡으면서 아직 때가 아니라고만 하고 있네. 이제 때가 된 것 같으니 목사 안수를 받는 것이 좋을 것 같아."

남편의 말을 듣는 순간 나는 하나님께서 나에게 말씀하고 계시다는 것을 확실히 알았다. '정말로 나를 부르시는구나! 이젠 더는 변명할 것이 없구나!' 하는 생각이 들자 그 자리에서 눈물이 주르르 흘렀다. 이 부족한 자를 부르시는 것에 대해서 감사하면서도 두려웠다. 한번 걸음을 떼면 되돌릴 수 없는 목사의 삶을 끝까지 마칠 자신이 없었다. 게다가 남편은 자신이 힘든 그 길을 걸어가고 있으니 내게는 그런 말을 하지 않을 줄 알았다.

결국 두려움을 이기는 것은 순종이었다. 그해, 나 역시 부르심에 순종하며 목사가 되었다. 안수식 때 남편은 이제 자신 뒤에서 사모로만 있지 말고 하나님의 부르심을 따라가라고 말해 주었다.

목사가 된 이후부터 지금까지 사역의 길을 돌아보면 첫째는 하나님의 은혜요, 둘째는 남편이 있어서 여기까지 올 수 있었다. 보통의 남편이라면 아내가 자기 사역을 돕는 자리에 있기만을 바랄 텐데, 그는 오히려 내가 마음껏 주님을 섬길 수 있도록 외조하는 사람이었다. 나를 온전한 하나님의 종으로 인정해 주었다. 우리는 같은 목사로서 서로의 영역을 인정하며 사역을 했다. 특히 아픈 성도들에게 심방을 가면 남편은 나에게 기도와 안수를 부탁했다. 교회를 개척했을 당시에도 남편은 자신의 은사는 학교에서 가르치는 것이고, 내가 목자로서 더 합당하다며, 자신은 협동목사로 있으며 끝까지 나를 담임목사로 세웠다. 보기 드문 남편이었다.

한 사람만 목사여도 될 텐데 하나님께서는 왜 우리 부부를 함께 목회자로 세우셨는지 그때까지만 해도 알지 못했다. 하지만 지금 열방을 향해 선교 사역을 다니면서 깨닫는 것은, 영혼 구원에 대한 주님의 다급함이다. 주님은 조금이라도 더 많은 이들에게 복음을 전하고 세례를 주고 싶으셔서 나와 내 남편에게 한마음을 주시고 전도자의 사명을 감당하게 하신 것이 아니었을까 생각한다.

남편과 나는 다른 것은 몰라도 한 가지는 찰떡궁합인 것이 있다. 하나님 말씀에 대한 순종만큼은 서로 말하지 않아도 통했다. 각자의 의견이 달라도 하나님이 말씀하시면 우리는 서로의 생각을 내려놓고 무조건 그 말씀을 따랐다. 모든 결정과 삶의 우선순위에는 항상 하나님의 일이 먼저였다. 아마도 이것이 하나님께서 우리 부부를 부르신 이유였을 것이다.

하나님은 우리의 부족하고 모난 부분을 책망하기보다는 하나님의 마음에 합당한 한 가지를 보시고 일을 맡기신다. 그러니 연약한 자를 들어 강한 자를 부끄럽게 하실 때에는 강한 자는 연약한 자에게 무릎을 꿇게 되니 할 말이 없는 것이고, 연약한 자는 그것이 자신의 힘이 아니라는 것을 알기에 할 말이 없는 것이다. 이것이 우리를 통해 오직 예수 그리스도만을 나타내시는 하나님의 방식이다. 그리고 그 하나님의 큰 그림 속에는 이미 우리 각 사람을 향한 정하신 뜻이 있으신 것이다.

 믿음은
최고의
유산이다

내가 정말 존경하는 분이 있다. 바로 시아버지이신 황성수 박사님이다. 사실 나는 남편 황희철 목사를 만나기 전에 먼저 황 박사님과 인연이 있었다. 명 강사로 미국에서도 소문이 자자했던 터라 신학교 시절, 나는 그분의 강의를 쫓아다니며 들었다.

황 박사님은 정치인이자, 법조인이며, 목회자로서 한국과 미국 사회에서 큰 귀감이 되었다. 4선 국회의원과 전남도지사를 지냈고, 일제강점기에는 젊은 지식인으로서 미국에서 통역과 방송을 통해 독립운동에 나서기도 했다. 해방 후에는 고국으로 돌아와서 대한민국의 기초를 세우는 데 큰 업적을 남기기도 했다. 특히 국제연합 총회에 한국 대표로 참석해 합법정부로서 승인을 얻어냈을 뿐 아니라 정부 수립 후 법치국가를 세우기 위해 헌법을 비롯한 각 분야의 법률적 기초를 다지는 일에 참여했다.

무엇보다 황 박사님은 신앙인으로서 많은 사람의 존경을 받았다. 나랏일에 바빴어도 항상 주일에는 교회에서 말씀을 가르쳤고, 주일을 지키지 못하면 언제든 그만둘 작정으로 늘 사표를 지니고 다녔다고 한다. 그중에서도 기독교운동에 앞장서면서 하나님의 일을 최우선으로 삼으며 복음 전도에 생애를 바치길 원했다. 극동방송을 세워 초대이사장을 역임하면서 한국기독실업인회(CBMC)를 비롯해 군종목사제도, 국가조찬기도회 등을 만들었다. 나라 사랑을 실천하며 한국 기독교역사에 큰 역할을 감당해 온 분이다.

유유상종이라는 말처럼 믿음의 사람 곁에는 그와 같은 사람들이 함께 모였다. 황 박사님 집에는 한경직, 강신명, 강원용, 김준곤, 조용기, 김장환 목사 등 한국의 기독교를 이끌어 온 목회자들이 자주 드나들었다. 그들과 함께 마음을 나누고 나라와 민족을 위해 고민했다.

특히 많은 후학을 키웠는데, 당시 민주주의를 위해 싸우던 학생들을 위해 자신의 집을 기꺼이 내어주고 가족처럼 함께 살며 공부를 마칠 수 있게 했다. 세상 명성에 따라 남들처럼 부를 누릴 수 있었음에도 물질을 손에 쥐지 않았기에 집안 형편은 늘 녹록지 않았다. 하지만 그곳은 늘 젊은이들로 넘쳐났다. 황 박사님의 집은 나라를 위한 뜨거운 기도처였다. 그 집을 거쳐 간 이들 중에는 장관, 대학교 총장, 사업가, 정치인 등 각 분야에서 대한민국을 대표하는 수많은 리더가 나왔고, 또한 세계 곳곳에서 헌신하고 있는 주의 종들도 많이 배출되었다.

집 거실 벽에는 '한 번뿐인 인생, 순식간에 지나가리니 그리스도를 위해 한 일만 남으리라'는 글귀가 걸려 있었다. 그만큼 평생에 주를 위하여 살기를 소망했다. 매일 분주한 일상을 살아가지만 과연 우리의 인생에는 어떤 것이 남아 있을까?

행동하는 믿음이 무엇인지를 삶으로 보여 주던 황 박사님은 제자들에게 늘 이렇게 이야기했다.

"우리 믿음의 선배들은 예수 믿기를 자기 유익을 위해 하지 않았다. 그들은 믿음이란 희생과 고난을 마다하지 않는 길로 가는 것이라 생각했다. 그러니 죽어야 할 자리, 손해를 봐야 할 자리가 있다면 예수를 믿는 자들이 먼저 나서야 할 것이다."

그리고 그 모든 이야기의 끝은 언제나 하나님의 말씀 때문에 120년간 방주를 만들었던 노아의 순종을 배우라는 가르침으로 맺곤 했다. 이 말씀은 지금의 내 삶의 여정에도 너무도 큰 가르침이 되고 있다.

황 박사님이 LA에 있는 한 신학교에서 강의하실 때, 나는 그분의 수업을 듣고 많은 은혜와 도전을 받았다. 내가 기억하는 황 박사님의 모습은 오직 예수만을 외쳤고, 겸손의 띠를 띠신 분이었다. 많은 업적을 남겼음에도 항상 겸손으로 자신을 숨겼던 그분의 삶이 바로 그의 신앙을 말해 주었다.

나는 감히 그분의 삶을 따라갈 수는 없지만 조금이라도 그의 신앙을 닮아 가고자 노력했다. 혼자 외로이 미국 생활을 해 나가며 어려움을 겪을 때마다 그분은 나를 따뜻하게 위로해 주시고 많은 힘이 되어 주셨다. 그때마다 "예수 그리스도만이 너를 지켜 주셔. 그 안에 거해야 한다"

라고 말씀해 주셨다.

　나는 내가 존경하던 바로 그분이 내 시아버지가 될 줄은 꿈에도 몰랐다. 그분과의 만남은 오랜 눈물 가운데 나에게 주신 하나님의 아주 특별하고도 귀한 축복이었다.

　하나님을 믿고 나서 내가 가장 부러웠던 것은 바로 신실한 믿음의 가정이었다. 기도하는 부모님이 있고, 하나님의 이야기를 서로 나누며 예배드리는 가정이 얼마나 부러웠는지 모른다. 그런데 남편을 만나고 보니 4대째 믿음을 이어 가고 있는 신앙의 명문가였다. 남편을 포함한 세 형제가 모두 목회자가 되었을 뿐 아니라, 이 가문에 지금까지 스물일곱 명의 목회자가 나왔다. 우상을 섬기는 불신자의 집에서 자란 내가 그 가정에 들어가 이 믿음의 계보를 이어 가게 되었다는 것이 너무도 감사했다.

　내가 이 가정에서 본 믿음은 참으로 굳건하고 아름다운 것이었다. 황 박사님이 병중에 계셨을 때의 일이 아직도 잊혀지지 않는다. 췌장암으로 중환자실에 계셨을 때 혼수상태에서도 복음을 전한 것이다. 우리는 혹시나 임종을 앞두고 가족에게 남기는 유언일까 하여 자세히 들어 보니 놀랍게도 "주 예수를 믿으라"는 복음의 메시지였다. 의식이 온전치 않은 상태에서도, 마지막 순간까지 복음을 전하는 모습이 그 자리에 있던 모든 가족에게 큰 울림을 주었다. 그날 남편과 나는 오래도록 이 이야기를 나누었다. 우리는 무의식 상황에서 과연 무엇을 말하고 있을까?

황 박사님은 시아버지로서 나를 '누구 애미야'라고 부르지 않고 이름으로 불러 주었다. 이것으로 나는 그 사람 자체를 사랑하며 존중하는 법을 배웠다. 또한 명성과 지위를 다 가졌으면서도 재산은 하나도 가지지 않았다. 돌아가실 때 자식들에게 집 한 칸 남기시지 않았고 어려운 이들에게 모두 나누어 주었다. 평생을 그렇게 살아오신 분이니 자녀들 역시 그것이 당연하다 여기며 받아들였다. 그분의 삶과 신앙이 우리에게 큰 믿음의 유산이 되었고 또한 삶의 지표가 되어 주었다.

자식들은 부모를 보고 배운다. 절대 그렇게 살지 않겠다는 자식들도 자신도 모르게 그렇게 살아간다. 가족 안에서 일어나는 것은 세대를 이어 가는 것이다.

나는 이 가정을 보면서 세상의 욕심이나 재물을 섬기는 대신, 주님을 욕심내고 주님을 섬기며 살아가는 것을 배웠다. 대접받기보다 누군가의 발을 씻어 주는 신앙을 익혔다. 이것은 남편과 내가 사역자의 길을 걸어가는 데 있어서 더 없이 좋은 믿음의 기준이 되었다. 이 행동하는 신앙은 그 어떤 것과도 바꿀 수 없는 내가 받은 가장 자랑스러운 믿음의 유산이다.

예수의 핏값으로 내가 구원받았음을 믿는가

어느 여름, 한창 의료 파업으로 나라가 어수선할 때였다. 당시 남편은 관동대학교 대학교회 담임을 맡고 있었고, 나는 교수로 학생들을 가르치고 있었다. 의과대학 학생들은 시위를 하느라 수업 일수조차 못 맞추고 있었고, 시험이 미뤄지면서 방학도 늦어졌다. 나는 학생들을 위한 여름수련회를 준비하고 있었는데, 그때 만났던 한 의대생이 기억에 남는다.

방학하기 일주일 전 예배에서 나는 말씀을 전한 후 참석한 학생들에게 눈을 감으라고 하고, 구원의 확신이 없는 사람은 손을 들어 보라고 했다. 그때 손을 든 아이들 중에 이 의대생이 있었다. 나는 그가 손을 든 것을 보고 좀 의외라는 생각이 들었다. 내가 알기로 그 학생은 장로님의 아들이었고, 초등학교 때부터 교회를 한 번도 빠지지 않고 다닐 정도로 열심인 아이였다. 그런 그가 구원의 확신이 없다는 것이 충격이었다.

나는 손을 든 학생들에게 예배 후에 오라고 했다. 그랬더니 일곱 명 정도가 모였다. 그런데 거기에 모인 아이들 중 대부분이 다 믿는 가정의 자녀들이었다. 비단 그 의대생만의 문제가 아니었던 것이다. 믿는 가정에서 별다른 어려움 없이 신앙생활을 해온 아이들에게 믿음의 확신이 없다는 것은 정말 큰 문제였다. 나는 아이들에게 부모의 하나님이 아니라 자신의 하나님을 만나야 한다고 알려 주고 기도를 해준 후 돌려보냈다.

아이들이 모두 돌아가고 난 뒤에 그 의대생이 나를 다시 찾아왔다. 그러고는 자기 이야기를 해 주었다. 그는 고등학교 때까지는 교회에 잘 다녔지만, 학교에 들어와 보니 자유롭게 술 마시고 담배 피울 수 있는 세상이 있다는 것을 알게 되었고, 호기심으로 따라하다 보니 하나님과 세상 사이에서 많은 죄책감을 갖게 되었다고 고백했다. 하나님께서 자신을 만나 주시든지 아니면 맘대로 살다가 지옥 가게 그냥 놔 주시든지 하셨으면 좋겠다는 것이었다.

"저는 너무 괴롭습니다. 교회는 너무 재미가 없고, 내가 왜 여기에 앉아 있나 하는 생각만 듭니다. 하지만 또 안 나가면 죄책감이 듭니다. 그래서 이러지도 저러지도 못하니 괴롭기만 합니다."

나는 그 학생의 마음 가운데 일어나고 있는 소용돌이는 여전히 하나님께서 그를 사랑하고 계시다는 것임을 알고 있었다. 나는 그날 예배를 마친 뒤 대학교회 성도님들과 모여 학생들을 위해 함께 기도하는 시간을 가졌다. 얼마나 많은 믿음의 자녀들이 구원의 확신도 없이 이런 유혹

속에서 흔들리고 있겠는가!

여름수련회를 준비하는 한 달 동안 나는 그를 위해 매일 기도했다. 그리고 수련회가 시작되었을 때 나는 그 학생을 기다렸다. 그런데 참석하기로 한 학생은 첫째 날도, 둘째 날도 오지 않았다. 그러다 마지막 셋째 날 설교가 거의 다 끝나갈 무렵 그가 나타났다.

학생들 한 명 한 명을 붙들고 기도해 주는 시간을 가졌는데, 드디어 그 학생의 차례가 되었다. 나는 그의 어깨에 가만히 손을 얹고 기도했다. 그런데 갑자기 그 아이의 입에서 방언이 터졌다. 난생 처음 경험해 보는 성령체험에 자신도 당황스러워 어쩔 줄 몰라 했다. 방언을 달라고 기도한 것도 아니었는데 갑자기 시작된 것이었다. 자신의 의지와는 상관없이 나오는 방언은 기도하는 내내 멈추지 않았다.

그는 내게 와서 어떻게 하면 이 방언을 멈출 수 있는지를 물었다. 나는 한 시간이든 두 시간이든 하나님이 하게 하시면 해 보라고 했다. 나는 그가 더 깊이 성령님 안으로 들어가길 바랐고, 하나님께서 그에게 어떻게 행하시는지 보고 싶었다. 그렇게 한참이 지나서야 방언이 멈췄다. 그는 자기도 신기한지 권사님이신 엄마에게 전화를 걸어 지금 일어난 일에 대해 설명했다.

얼마 후 그를 학교에서 다시 만났을 때, 이제 확신히 하나님을 만났다고 고백했다. 그날 이후 그는 진지하게 하나님과의 교제를 시작한 것이다. 이제야 부모의 신앙이 아닌 자신의 신앙을 갖게 된 것이다. 더욱 놀라운 것은 그렇게 만난 하나님의 사랑을 전하기 위해 그는 국내 오지 선교뿐 아니라 해외 선교까지 다니게 되었다. 이후 정형외과 의사가 되었고, 남편이 그의 결혼식 주례를 서 주었다.

몇 십 년 교회를 다녀도 예수 그리스도가 내 주인이 아닌 사람은 거듭나지 않는다. 그들에게 기독교는 하나의 우상일 뿐이고 예배는 종교 행위밖에 되지 않는다. 자신이 죄인인 것을 고백하고, 내 죄 때문에 예수님이 십자가에 돌아가시고, 그 핏값으로 구원받았다는 확신이 없으면 천국에 갈 수 없다. 천국은 지금 내 기분으로 가는 곳이 아니다. 예수를 구주로 영접하고 믿을 때 갈 수 있는 곳이다. 작은 믿음과 큰 믿음의 차이가 구원의 기준이 아니다. 어떤 크기의 믿음이든 십자가의 핏값으로 내가 구원받았다는 것을 안다면 흔들림이 없다. 새벽기도에 참석했다고 천국 가고, 새벽기도에 나가지 않았다고 천국에 못 가는 것이 아니다. 나에게 하나님의 자녀라는 정체성이 분명하다면, 조금 실수하고 잘못해도 회개하고 나아가면 되는 것이다.

나는 코스타 강사로 섬기면서 여러 나라에서 유학생들을 만났다. 믿음의 가정에서 자라면서 하나님을 만나지 못한 자녀들은 어디에든 있었다. 나는 그들을 만날 때마다 너무도 안타까웠다. 야곱은 아브라함의 하나님, 이삭의 하나님을 얍복강에서 자신의 하나님으로 만났다. 모태신앙으로 자라면서 야곱은 얼마나 하나님에 대한 이야기를 많이 들었겠는가? 그런데 부모의 하나님이 아니라 자신의 하나님을 만나는 순간, 야곱은 이스라엘이라는 이름을 얻게 되었고, 인생의 새로운 순간을 맞이했다.

이처럼 모태신앙들은 부모의 하나님이 아닌 내 하나님을 만나는 시간이 있어야 한다. 하나님이라는 존재가 체험이 되어야 삶이 달라진다. 형 에서에게 무슨 보복을 당할까 두려워하던 야곱은 하나님을 만나고 관계를 회복했다. 후에 최고 권위를 가진 바로 왕의 면전에서 축복하는 담대함이 생겼다. 하나님을 만나면 우리는 확신과 담대함을 얻게 된다. 누구든 그 만남이 반드시 있어야 한다.

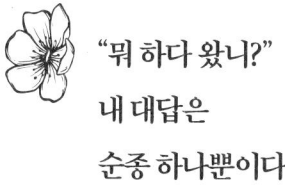
"뭐 하다 왔니?"
내 대답은
순종 하나뿐이다

사역하고 있는 A국의 국경 지역에서 무슬림과 불교도가 충돌한 일이 있었다. 그 바람에 한동안 A국에는 불교가 아닌 다른 종교인에 대해 민감하게 반응하는 시기가 있었다.

그 무렵 나는 M학교에서 리더십 강의를 하고 있었는데, 갑자기 경찰이 들이닥쳤다. 그러더니 강의안을 가져갔다. 제자훈련을 받는 학생들이 혹시나 두려움에 도망을 간다고 해도 이해할 수 있었다. 그런데 다음 날 결석생이 한 명도 없었다. 오히려 자신들이 나를 대신해 잡혀가겠다며 나설 정도였다. 강의에 참석한 학생들을 보면서 나는 이 땅의 희망을 보았다.

처음 이들은 내가 더러운 강물에 세례를 주러 들어갔을 때 따라 들어오지 않고 밖에서 통역만 하고 있었다. 물이 허리까지 차오르니 나도 겁이 나고 물뱀에 물릴까 두렵기도 했다. 하지만 복음을 위한 일들이 무엇인지 보여 주고 싶었다. 제자들이 물 앞에서 머뭇거리고 있을 때 나는 성큼성큼 물속으로 들어갔고, 그제야 그들도 나를 따라서 들어왔다.

그랬던 제자들이 지금은 복음을 위해 망설임 없이 자신의 모든 것을 던지고 있다. 그들이 말하길, 그날 자신들의 민족을 위해 위험을 무릅쓰고 사역하는 선교사님을 보며 회개하게 되었다고 했다. 자신들도 자국을 위해 일어서야겠다고 다짐했다는 것이다.

M학교의 제자들은 하나님은 살아 계시고 우리와 함께하신다는 것을 의심하지 않는다. 힘들고 가난하며 핍박을 받고 매를 맞아도 소망을 품는다. 왜냐하면 자신들의 삶과 사역에서 무수히 하나님을 경험하고 만났기 때문이다. 그렇기에 하나님이 이루어 가실 일을 기대하는 것이다. 하나님의 자녀이면서 고난을 겪지 않은 사람은 없다. 하나님의 자녀는 그 일을 통해 아버지를 신뢰하고 그분에게 순종하는 법을 배운다. 풀무가 없었다면, 사자굴이 없었다면 다니엘서가 쓰였겠는가. 고난을 대하는 신앙인의 자세는 하나님은 살아 계시다는 확신이다. 그래서 감사함으로 기다리는 것이다. M학교 제자들은 그 기다림의 훈련, 소망의 훈련을 해 오고 있다. 타이핑이 익숙하지 않은 사람은 독수리 타법으로 느릿느릿 글자를 완성하지만, 그것이 익숙해지고 훈련이 되면 나중엔 키보드를 보지 않고도 능숙하게 문서를 작성하게 된다. 그것처럼 신앙도 훈련이 필요하다.

강퍅한 강성 불교 국가인 A국을 보면 과연 이곳이 변할 수 있을까 싶은 마음이 든다. 이런 곳에서 그리스도를 전하는 것은 불가능하다고 여길 만큼 높고 단단한 벽을 만날 때가 많이 있었다. 그러나 나는 이곳에 있는 주님의 제자들을 통해서 A국에도 조금씩 그리스도의 바람이 불고 있는 것을 본다.

우리나라에도 처음 복음이 들어오던 때가 있었다. 언더우드 선교사는 처음 기도 편지에서 '아무것도 보이지 않는 이 어두운 조선 땅에 과연 소망이 있을까? 과연 복음이 들어갈 수 있을까?'라고 회의적인 질문을 했다. 그러나 그 소망 없는 조선 땅에 하나님의 통치가 시작되었다. 많은 백성을 통해 선교하는 대한민국이 되었다. 이 모든 것은 하나님이 주관하셨기에 가능한 일이었다. 그래서 나 역시 이 땅에서 희망의 끈을 놓을 수 없는 것이다.

내가 해외에 선교를 다녀오면 M학교 제자들은 공항까지 나를 마중 나온다. 나는 비행기를 타고 왔으니 배 타고 버스 타고 산길을 걸어 온 그들보다 편하게 왔는데, 그들은 이렇게라도 해서 나에게 자신들의 사랑을 보여 준다. 나는 제자들에게 말한다.

"나는 참으로 연약하고 부족한 자다. 그러나 내 삶을 다해 예수 그리스도를 닮아 가려고 매 순간 나를 돌아본다."

내가 이곳에 있는 것은 주님 때문이라는 것을 그들이 알기에 우리는 함께 주님의 동역자가 되어 간다.

언젠가 한 지인이 내 가족과 제자들에게 나에 대한 설문조사를 한 적이 있었다. '이은상은 어떤 사람입니까?'라는 질문이었다. 수많은 대답 중에 내 마음을 먹먹하게 만들었던 답이 있었다. 그것은 '모든 사람을 똑같이 사랑하는 사람'이라는 응답이었다. 그 말이 얼마나 내 가슴을 뛰게 만들었는지 모른다. 제자들과 함께 해온 세월 속에서 나는 변함없는 그리스도의 사랑을 그렇게 나누고 싶었던 것이다.

나는 지금 M학교에서 길러지는 모든 학생이 예수님의 제자와 같은 사역자들로 세워지기 바란다. 그들을 통해 A국 전 지역이 속히 복음화가 되어서 인근의 국경 지역까지, 그리고 그곳을 넘어 열방까지 복음 들고 나아갈 수 있게 되기를 기도한다.

생명의 위협을 감수하면서도 복음을 들고 나서는 길을 나는 알고 있다. 그 길 위에 서 있는 제자들을 하나님께서 보호해 주시길 구하고 있다. 나는 주님께서 이 학생들과 함께 A국에서 쓰고 계신 21세기 사도행전을 여전히 목도하고 있다. 이 이야기는 하나님께서 계획하셨고, 예수 그리스도의 이름으로 행하여지며, 성령님께서 감독하시는 현장의 스토리이다. 사도행전에서 예수님의 제자들이 목숨 걸고 십자가의 복음을 전했던 것처럼, 이들도 자신들의 인생과 생명을 걸고 A국에 그리스도의 복음을 담대히 전파하고 있다.

하나님께서는 아무것도 아닌 나를 부르셨다. 그리고 세계무대로 우리를 옮기겠다고 하셨던 말씀대로 지금 나는 세계 곳곳을 다니며 복음을 전하는 선교사가 되었다. 가끔 사역을 시작하는 젊은 선교사들이 내게 무엇을 먼저 해야 하느냐고 묻는다. 나는 어떤 것을 하는 것보다 순종을 먼저 배워야 한다고 말한다. 내가 순종하면 그 '무엇'은 하나님이 하실 것이다.

나는 선교란 거창한 것이 아니라 하나님의 말씀 가운데 한 걸음 한 걸음 묵묵히 걸어가는 것이라고 말하고 싶다. 나 역시 그저 나를 부르신 말씀에 순종하며 한 걸음 한 걸음 걷다 보니 여기까지 왔다. 지금도 주님이 가라 하시는 곳으로 가고, 하라 하시는 일을 하며 기쁨으로 선교사의 삶을 살아가고 있다. 지금 나에게 맡겨진 것이 무엇인가? 가족일 수도 있고, 직장일 수도 있다. 그곳이 어디든 내가 선 곳이 거룩한 땅이며 선교지다. 나는 믿는 자 모두가 하나님의 증인이 되는 선교사가 되길 원한다.

나는 선교사로서 많은 특권을 누렸다. 하나님이 기뻐하시는 일에 동참했고, 하나님이 보이신 놀라운 은혜와 기적을 가까이서 볼 수 있었다. 그러기에 매번 내 길이 목숨을 건 삶이라 할지라도 축복이며 감사다.

벼랑 끝에서도 할렐루야를 외칠 수 있는 것은 주님을 신뢰하기 때문이다. 육신의 편안함이 내 삶의 목적이 아니다. 그러기에 나는 오늘도 주님이 부르시면 당장이라도 달려갈 준비가 되어 있다. 남은 날들을 나는 또 다시 머리 둘 곳 없는 자처럼 떠날 것이다. 주님이 애타게 찾는 한 영혼이 있는 곳으로 갈 것이다.

"너는 뭐하다 왔니?"

이 물음 때문에 나는 여기까지 왔다. 주님은 이 말씀으로 나를 부르셨고, 영혼 구원의 사명을 품게 하셨다. 그 여정 속에서 내가 깨달았던 것은 오직 한 가지 '무조건 순종'이었다. 이제 다시 하나님이 나에게 같은 질문을 하신다면 내 대답은 하나뿐이다.

"순종입니다."